5e LV2 A1

Blick & Klick

LernBuch

Directeur d'ouvrage :
Pierrick Hardaloupas
Lycée International Montebello – Lille (59)

Irene d'Aubigny
Lycée Alain Fournier – Bourges (18)
Irène Barsacq
Collège Paul Langevin – Rouvroy (62)
Elise Fronia-Lecocq
Collège Jean Jacques Rousseau – Avion (62)
Sylvain Hirigoyen
Collège du Kochersberg – Truchtersheim (67)
Julius Hottinger
Lycée Marguerite de Flandre – Gondecourt (59)
Roselyne Marissal
Collège Saint-Paul – Hem (59)
Sandrine Roux-Rouget
Collège David Marcelle – Billy-Montigny (62)
Thomas Rousset
Collège Alain Fournier – Valençay (36)
Katharina Schäfer
Collège Joliot Curie – Calonne-Ricouart (62)
Katia Stachowicz
Collège Lionel Terray – Meylan (38)
Florence Tisserand
Collège André Malraux – Saint-Jean-de-la-Ruelle (45)
Leonard Wensorra
Collège Germinal – Raismes (59)

Retrouve l'intégralité des MP3 et des exercices interactifs à télécharger sur :
http://www.editions-hatier.fr/langues-eleves/

Hatier

Sommaire

➜ Les activités des parcours

ISBN 978-2-218-98943-8

→ Le référentiel élève

Parcours
Sich vorstellen

Meine Welt und ich

A1

Mes étapes

Einstieg
1. Willkommen
2. Meine Klasse
3. Quartettspiel: Unsere Besten

Mon projet : Einen deutschen Partner suchen

Mes objectifs

Lexique : Se présenter, parler de soi
Les chiffres de 1 à 20
Grammaire : Conjuguer au présent

Etappe 1 *Willkommen*

Banque de ressources
Hallo! Guten Tag!

1. Hör zu. Wie stellen sich diese Schüler vor?   Exercice interactif 1

a) Wie begrüßen sie dich?

b) Welche Städte kannst du hören? Kreuze an. Wo sind sie auf der Karte in deinem LernBuch?

☐ Hamburg	☐ Bern	☐ Berlin	☐ München
☐ Kiel	☐ Leipzig	☐ Mainz	☐ Köln

c) Was sagt man in Hamburg? Was sagt man in München?

In Hamburg: ....

In München: ....

2. Wer spricht? Ein Junge oder ein Mädchen? Hör zu und kreuze an. MP3

Beispiel: Luca ist ein Junge./Franziska ist ein Mädchen.

	Mädchen	Junge		Mädchen	Junge		Mädchen	Junge
Arne	☐	☐	Gunnar	☐	☐	Luca	☐	☐
Arvid	☐	☐	Hauke	☐	☐	Malte	☐	☐
Benedikt	☐	☐	Heike	☐	☐	Margit	☐	☐
Berit	☐	☐	Helge	☐	☐	Mirko	☐	☐
Birte	☐	☐	Ilka	☐	☐	Nele	☐	☐
Björn	☐	☐	Inge	☐	☐	Niko	☐	☐
Britta	☐	☐	Ingo	☐	☐	Nils	☐	☐
Carolin	☐	☐	Jan	☐	☐	Ralf	☐	☐
Dagmar	☐	☐	Jörg	☐	☐	Ruth	☐	☐
Fiete	☐	☐	Jutta	☐	☐	Sören	☐	☐
Finja	☐	☐	Karsten	☐	☐	Sven	☐	☐
Franziska	☐	☐	Kimi	☐	☐	Svenja	☐	☐
Frauke	☐	☐	Kirsten	☐	☐	Ute	☐	☐
Fynn	☐	☐	Lasse	☐	☐	Vei	☐	☐
Gesine	☐	☐	Liesa	☐	☐	Wiebke	☐	☐

3. Kettenspiel: Begrüße deine Mitschüler und sage deinen Namen. Benutze nicht zweimal dieselbe Formulierung.

Guten Tag, ich heiße ...

~~Guten Tag, ich heiße ...~~
Moin, moin, ich bin...

~~Moin, moin, ich bin...~~
Hallo, mein Name ist...

4. Wie alt sind die Schüler?

Exercice interactif 2

a) Hör gut zu und wiederhole beim zweiten Mal. MP3

1 = eins	**2** = zwei	**3** = drei	**4** = vier	**5** = fünf
6 = sechs	**7** = sieben	**8** = acht	**9** = neun	**10** = zehn
11 = elf	**12** = zwölf	**13** = dreizehn	**14** = vierzehn	**15** = fünfzehn
16 = sechzehn	**17** = siebzehn	**18** = achtzehn	**19** = neunzehn	**20** = zwanzig

b) Wer sind diese Schüler? Ergänze die Steckbriefe. MP3

Vorname: ....
Wohnort: ....
Alter: ....

Vorname: ....
Wohnort: ....
Alter: ....

Vorname: ....
Wohnort: ....
Alter: ....

Vorname: ....
Wohnort: ....
Alter: ....

Vorname: ....
Wohnort: ....
Alter: ....

Etappe 2 *Meine Klasse*

5. Wortsalat: Was passt zusammen? Verbinde jede Frage mit ihrer Antwort.

?	!
„Wie heißt du?"	„Ich heiße Nele"
„Woher kommst du?"	„Ich bin 13"
„Wo wohnst du?"	„Ich wohne in Berlin"
„Wie alt bist du?"	„Ich komme aus München"

- ....
- ....
- ....
- ....

6. Wer bist du? Ergänze den Ausweis.

AUSWEIS

Dein Foto

Name: ....

Vorname: ....

Geburtsdatum: ....

Geburtsort: ....

Anschrift: ....

....

....

7. Wer sind deine Mitschüler? Stelle fünf von ihnen Fragen und notiere die Infos in der Tabelle.

Name + Vorname	Alter	Geburtsort	Wohnort

8. Wer sind deine neuen Freunde aus Deutschland? Notiere die Fragen.

Beispiel: (Herkunft) ➜ Woher komm<u>en</u> sie?

a) (Name) ➜ ....

b) (Alter) ➜ ....

c) (Geburtsort) ➜ ....

d) (Wohnort) ➜ ....

Sprache im Blick Conjuguer au présent

Exercice interactif 3

1 **Fais le bilan des formes verbales rencontrées en remplissant le tableau. (Tu compléteras les lignes *wir* et *ihr* plus tard.)**

	heißen (ie, ei)	wohnen	*kommen (a, o)	*Terminaisons*
ich				
du				
er/sie/es				
wir				
ihr				
sie/Sie				

	sein
ich	
du	
er/sie/es	
wir	
ihr	
sie/Sie	

2 Neue Freunde aus Deutschland: Konjugiere das Verb.

a) Markus .... aus München (kommen).

Er .... (sagen): „Grüß Gott!" Er ....

zwölf (sein).

b) Tabea .... in Hamburg (wohnen).

Sie .... (sagen): „Moin, moin! Ich ....

Tabea (heißen). Wie .... du (heißen)?"

c) Markus .... (antworten): „Ich ....

Markus (sein). Wie alt .... du (sein)?"

d) Tabea .... (antworten): „Ich ....

elf Jahre alt (sein)."

Bilan

Projekt: Einen deutschen Partner suchen

a) Complète ce schéma avec des formulations pour te présenter.

b) Utilise une autre couleur pour ajouter les questions à poser à ton futur correspondant.

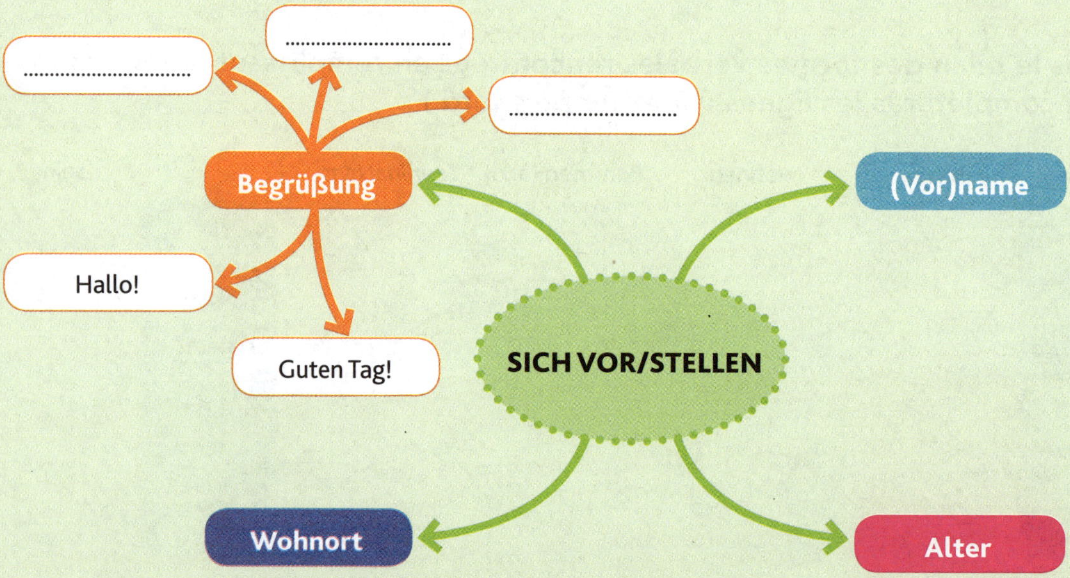

Parcours Familie

Familie hier und dort

A1

Mes étapes

Einstieg

1. Das ist meine Familie
2. Familienmodelle heute
3. Eine Familie mit vielen Kindern?
4. Eine Familie = viel Arbeit
5. Familie ohne Grenzen

Mon projet : Für die Schülerzeitung schreiben

Mes objectifs

Lexique : La famille
Les tâches ménagères

Grammaire : Exprimer l'appartenance
Le déterminant possessif
La conjugaison au présent (verbes forts)

Banque de ressources

Etappe 1 *Das ist meine Familie*

Stammbaum der Familie Mann

1. Meine Familie – *my family* Exercice interactif 1, 2

a) Du kennst schon viele englische Vokabeln zum Thema Familie. Aber wie sagt man diese Wörter auf Deutsch? Bilde deutsch-englische Vokabel-Paare.

die Familie (n)

the grandfather

the brother

der Vater (¨)

die Mutter (¨)

the family

der Bruder (¨)

the uncle

die Schwester (n)

die Großmutter (¨) / die Oma (s)

the grandmother

der Sohn (¨e)

der Onkel (-)

the son

the daughter

die Tochter (¨)

the sister

the father

der Großvater (¨) / der Opa (s)

the mother

b) Aber das funktioniert nicht immer! Lies diese Definitionen und finde das französische Wort.

die Tante (n) = die Schwester vom Vater oder von der Mutter: ....

die Eltern (Pl.) = der Vater und die Mutter: ....

das Kind (er) = der Sohn oder die Tochter: ....

die Geschwister (Pl.) = die Brüder und Schwestern: ....

das Enkelkind (er): der Enkelsohn (¨e) oder die Enkeltochter (¨) = die Kinder von den Kindern:

....

Sprache im Blick Exprimer l'appartenance

Observe puis déduis : comment peut-on exprimer l'appartenance en allemand ?

Der Bruder **von** Erika heißt Klaus. ➜ Erika**s** Bruder heißt Klaus.
Die Schwester **von** Klaus heißt Erika. ➜ Klaus**'** Schwester heißt Erika.

Pour exprimer l'appartenance en allemand, on peut utiliser la préposition ....

Mais pour les noms ...., on peut aussi utiliser le nom + ...

Attention, si le nom se termine par *-s* (Klaus), *-x* (Max) ou *-z* (Franz), il prendra uniquement

....

Cette forme s'appelle le génitif *saxon*, sais-tu pourquoi ?

2. Gedächtnis-Training
Sieh dir den Stammbaum der Familie Mann genau an und merk dir die Namen. Du hast dafür 2 Minuten Zeit. Versuche dann, diese Sätze zu ergänzen. Meistens gibt es mehrere Lösungen!

a) Erika ist .... Schwester.

b) Katia ist .... Mutter.

c) Elisabeth ist .... Tochter.

d) Thomas ist .... Vater.

e) Erika und Elisabeth sind .... Schwestern.

f) Klaus ist .... Sohn.

g) Erika und Golo sind .... Geschwister.

h) Michael ist .... Bruder.

3. Meine total verrückte Familie

a) Klebe Fotos von deutschen Stars ein und schreibe, wer sie in deiner fiktiven Familie sind.

b) Stelle deinem Nachbarn dann Fragen über seine total verrückte Familie.

Greif zu!

- Wie viele … hast du? Hast du eine(n) …?
- Wie heißt/ heißen dein(e) …?

Das ist mein(e) ....

Das ist mein(e) ....

Das ist mein(e) ....

Das ist mein(e) ....

Das ist mein(e) ....

Sprache im Blick Le déterminant possessif (1/2)

Maxi

Britta
Heike
ICH
Agnes
Marlen
Lasse
Simon

Mieze

Marion
Nico
Fynn
DU
Lena
Marius
Sven

1 Formuliere Sätze wie in den Beispielen.

Beispiele: der Bruder/Simon ➜ Mein Bruder heißt Simon.
der Bruder/Fynn ➜ Dein Bruder heißt Fynn.

a) die Mutter/Agnes: ....

b) die Mutter/Lena: ....

c) der Onkel/Nico: ....

d) der Hund/Maxi: ....

e) der Vater/Lasse: ....

f) die Katze/Mieze: ....

g) die Großmutter/Marion: ....

h) die Schwester/Heike: ....

i) der Großvater/Sven: ....

j) der Cousin/Marius: ....

2 Remplis maintenant le début du tableau avec les possessifs que tu viens de voir.

Tu complèteras le tableau avec la suite du parcours.
Pourquoi as-tu parfois écrit *mein**e*** ou *dein**e***?

Pronom personnel	Possessif
ich	
du	
er	
sie	
es	
sie/Sie	

Etappe 2 Familienmodelle heute

Banque de ressources
Das alles ist Familie!
Wer ist wer?

4. Wortfabrik

STRATEGIE Observe et déduis pour trouver le mot juste !

la belle-mère = die Stiefmutter

le beau-père = ...

le beau-fils = ...

la belle-fille = ...

le demi-frère = der Halbbruder

la demi-sœur = ...

5. Lies die Texte, die du von deinem Lehrer bekommst. Zu welchem Foto passen sie? Wer ist wer?

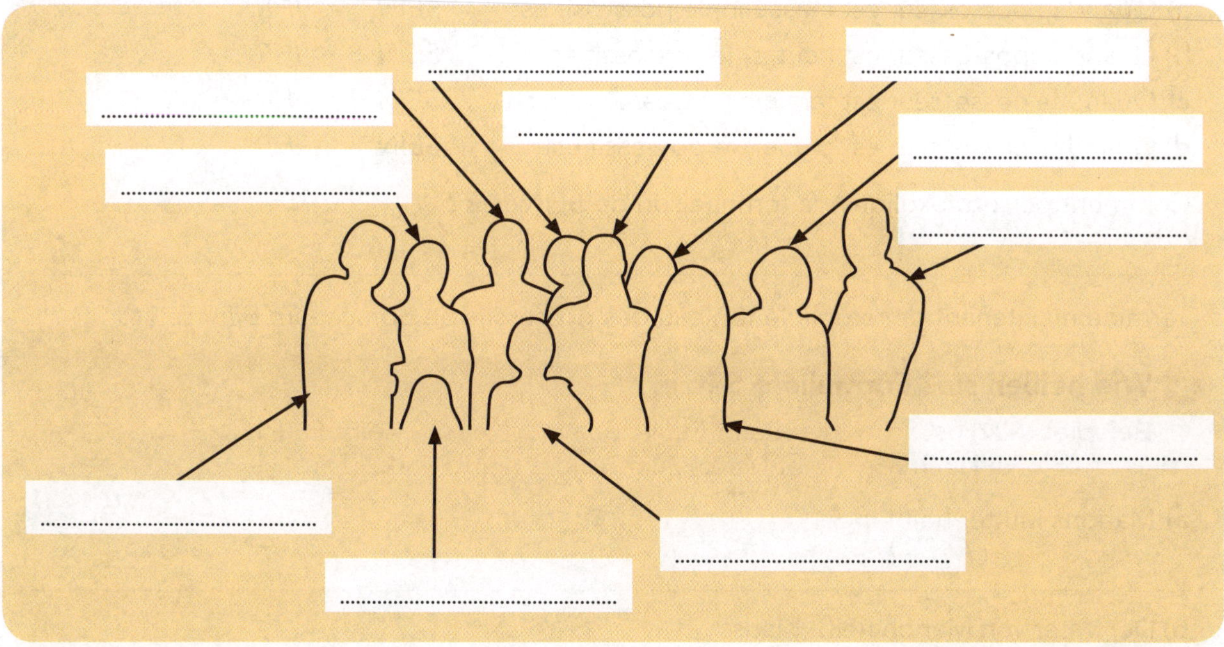

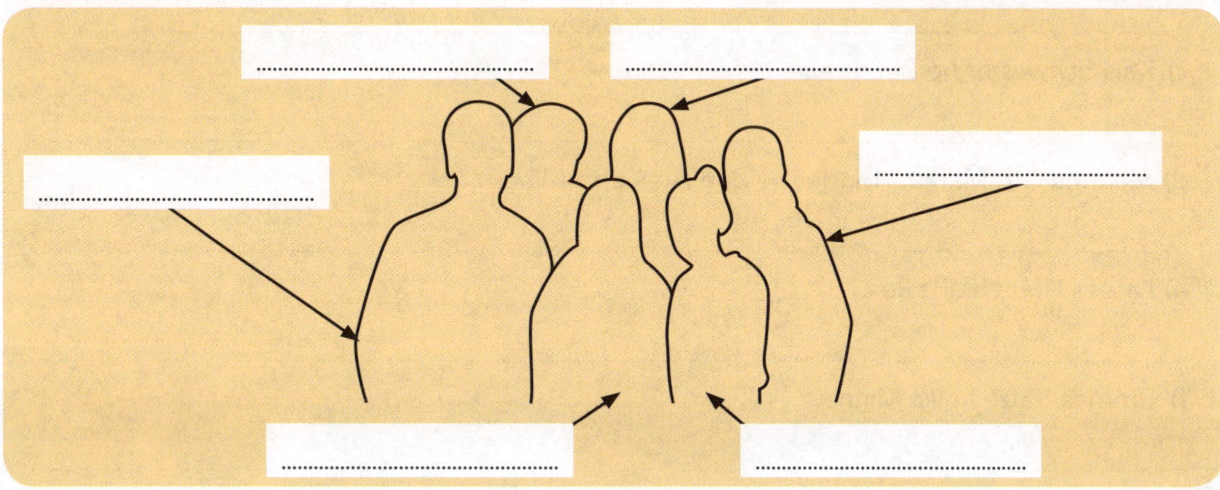

Sprache im Blick Le déterminant possessif (2/2)

1 Observe les phrases suivantes. Souligne dans chaque phrase l'appartenance.

Cem hat eine Schwester. Seine Schwester heißt Yagmur.
Lena ist 16. Ihre Mutter ist in Metin verliebt.
Cem hat einen Vater. Sein Vater heißt Metin.
Lena hat jetzt einen Halbbruder. Ihr Halbbruder heißt Cem.
Heather und Dwight haben vier Kinder. Ihre Kinder heißen Sophia, Olivia, Isaiah, Susanna.

2 Comment choisir entre les deux formes constatées ? Pense au fonctionnement de l'anglais !

Sophie has her hair in a pony tail.
Dad says his hair is blonde.
Her husband, Kam, is holding little cousin Natalie on his arm.

Entoure la bonne réponse dans les phrases suivantes pour établir la règle :

a) Quand le possesseur est masculin, le possessif est *SEIN* *IHR.*
b) Quand le possesseur est neutre, le possessif est *SEIN* *IHR.*
c) Quand le possesseur est féminin, le possessif est *SEIN* *IHR.*
d) Quand le possesseur est pluriel, le possessif est *SEIN* *IHR.*

Comment peux-tu expliquer la terminaison de *SEIN/IHR*?

....

Termine maintenant de remplir le tableau des possessifs de *Sprache im Blick* p. 14.

3 Wie heißen sie? Formuliere Sätze.

Beispiel: Markus' Schwester heißt Paula. Seine Schwester heißt Paula.
Paulas Bruder heißt Markus. Ihr Bruder heißt Markus.

a) Marions Mutter heißt Inge.

....

b) Der Vater von Marion heißt Klaus.

....

c) Kais Schwester heißt Emma.

....

d) Marions und Markus' Kinder heißen Alex und Miriam.

....

e) Lasses Hund heißt Rex.

....

f) Emmas Katze heißt Minna.

....

Etappe 3 *Eine Familie mit vielen Kindern?*

Banque de ressources
Großfamilie – wo gibt es das noch?

6. Wo gibt es heute Großfamilien?

a) Was zeigt die Grafik? Bilde Sätze.

DIE WENIGSTEN → NICHT SO VIELE → ZIEMLICH VIELE → DIE MEISTEN

Greif zu!

- In den USA/den Niederlanden gibt es …
- In Großbritannien/Frankreich/… /gibt es …

b) Welche Elemente helfen Großfamilien? Kreuze an.

1) ☐ Die Schule beginnt für die Kinder in Deutschland mit 6 Jahren. Die Mutter bleibt also oft zu Hause.
2) ☐ Nicht alle Kinder haben einen Platz im Kindergarten oder in der Kinderkrippe (*la crèche*).
3) ☐ Eine Frau mit Kind hat oft Probleme zu arbeiten.
4) ☐ Die Väter machen öfter eine Baby-Pause als in Frankreich.
5) ☐ Wenn eine Frau mit Kind arbeitet, ist sie für ein paar Leute keine gute Mutter.
6) ☐ Die Politik in Deutschland favorisiert mit Elterngeld kinderreiche Familien.

Etappe 4 *Eine Familie = viel Arbeit*

Banque de ressources
So funktioniert's bei uns zu Hause!

7. Schau dir den Familienplaner von Nils' Familie an und suche die passenden Verben im Text.

		Lukas	Greta	ich (Nils)	Lotte
	……………………… ………………………	☐	☒	☐	☒
	……………………… ………………………	☒	☒	☒	☒

		Lukas	Greta	ich (Nils)	Lotte
	....	☐	☐	☒	☐
	....	☒	☐	☐	☐
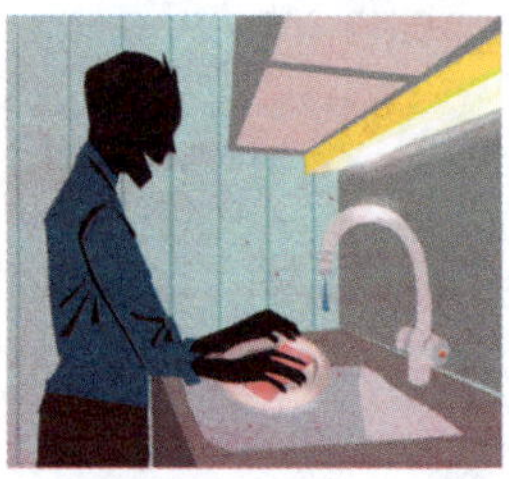	....	☒	☐	☒	☐
	....	☐	☒	☐	☐
	....	☒	☒	☒	☒

STRATEGIE **8. Chercher un mot dans un dictionnaire en ligne.**

I. auf|räumen VERBE trans

aufräumen *(Zimmer, Schrank, Sachen)* **ranger**

fr.pons.com

1. Utilise les renseignements obtenus :

auf/räumen : le slash m'indique ....

....

verbe « trans » : l'indication *trans* est une abréviation

pour ....

et indique que ce verbe peut avoir ....

....

Astuces

- La plupart du temps, tu accèdes en un seul clic au tableau de conjugaison (ou de déclinaison pour les noms).
- En descendant en bas de l'article sur le mot recherché, tu trouves souvent des phrases d'exemple ou des tournures idiomatiques !
- Certains dictionnaires te proposent aussi d'écouter la prononciation.
- Si tu n'es pas sûr de la bonne traduction (parfois le choix est très grand !), fais le test à l'envers pour vérifier et demande la traduction du mot allemand en français.

Dans mon LernBuch – et dans certains dictionnaires en ligne –, cela se traduit par « *etw.* » (pour « *etwas* ») ou « *jn* » (pour « *jemanden* »).

2. Cherche maintenant les verbes suivants dans un dictionnaire et note les renseignements obtenus. Complète ensuite la phrase d'exemple.

Beispiel: *ranger* : auf/räumen (*transitif*)
Phrase d'exemple : Ich räume mein Zimmer auf.

a) *faire des courses :* ....

phrase d'exemple : Du ....

b) *faire la cuisine :* ....

phrase d'exemple : Papa ....

c) *aider :* ....

phrase d'exemple (attention à la conjugaison) : Du ....

d) *sortir le chien :* ....

phrase d'exemple : Ich ....

e) *laver le linge :* ....

phrase d'exemple (attention à la conjugaison) : Mama ....

Sprache im Blick La conjugaison au présent (verbes forts)

Exercice interactif 3

1 Complète ce tableau à partir notamment des phrases d'exemple que tu as créées.

Astuce
Chaque fois que tu rencontres un verbe fort dans ton livre, on te renseigne sur les changements de voyelle.
Exemple : *waschen* (*u, a; ä*)

	waschen (u, a; ä)	**helfen (a, o; i)**	***gehen (i, a)**
ich			
du			
er/sie/es			
wir			
ihr			
sie/Sie			

2 Complète la phrase suivante.

Au présent, certains verbes forts, comme .... et ...., changent de voyelle aux .... et .... personnes du ....

Dans mon LernBuch, c'est la troisième voyelle entre parenthèses qui indique s'il y a un changement au présent. D'autres comme .... ne changent pas au .... , mais seulement au passé. Les terminaisons des verbes forts au présent sont les mêmes que pour les verbes faibles.

9. Wer macht was zu Hause? Wie oft? Ergänze die Felder in der Tabelle. Exercice interactif 4

	Ich	....	....	....
ein/kaufen				
kochen				
auf/räumen				
putzen				
staub/saugen				
bügeln				
ab/waschen (u, a; ä)				
waschen (u, a; ä)				
den Tisch decken				
die Betten machen				
mit dem Hund Gassi *gehen (i, a)				

Greif zu!

- Bei mir zu Hause macht mein Vater nie die Betten.

– ← nie — selten — manchmal — oft — immer → +

10. Findest du alle Wörter im Gitter? Exercice interactif 5

aufräumen • waschen • kochen • putzen • staubsaugen • abwaschen • einkaufen • bügeln

				Y	Q	E	B	I				
		A	U	F	R	Ä	U	M	E	N		
	S	T	A	U	B	S	A	U	G	E	N	
	F	U	A	B	W	A	S	C	H	E	N	
P	U	B	V	N	J	D	O	E	C	H	M	K
Y	L	B	Ü	G	E	L	N	I	Q	W	O	F
T	F	M	S	P	D	W	R	N	K	G	I	S
O	O	N	E	P	I	A	O	K	O	Z	V	X
C	K	A	K	U	X	S	L	A	C	J	I	B
	F	W	H	T	Y	C	C	U	H	T	N	
	S	X	I	Z	Y	H	G	F	E	B	N	
		U	O	E	R	E	C	E	N	C		
				N	R	N	Y	N				

11. Aussprache-Training

Zungenbrecher

Wir Wiener Wäscheweiber wollen weiße Wäsche waschen, wenn wir wüssten, wo warmes Wasser wäre. Warmes Wasser wissen wir, weiße Wäsche waschen wir.

12. Mach dir Notizen zu Emma und Shari.

	Emma	Shari

WER? (Name, Alter, Familie, Arbeit)	....	....
WO?	....	....
AKTIVITÄTEN?	....	....

13. Was passt zu Emma? Was passt zu Shari?
Ordne die Ausdrücke in die Tabelle ein.

das Patenkind • in Hannover wohnen • Ballett machen • mit Freundinnen spielen • 8 Jahre alt sein • in Indien leben • Hausarbeiten machen • gerne zur Schule gehen und lernen • die Mutter: daheim arbeiten • der Vater: im Büro arbeiten • der Vater: Ingenieur sein • die Großmutter: in Süddeutschland wohnen • 5 Brüder haben

Emma	Shari
....	....
....	....
....	....
....	....
....	....
....	....
....	....

Parcours Cyberspace

Deutsche Klick-Millionäre

A1

Mes étapes

1. Karriere mit YouTube?
2. Mit YouTube Geld verdienen
3. Von YouTube-Videos zum Bestseller
4. So wirst du ein YouTube-Star

Mon projet : Meinen YouTube-Kanal vorstellen

Mes objectifs

Lexique : Les médias sociaux
La célébrité
Les grands nombres

Grammaire : Exprimer un souhait
Exprimer la cause

Etappe 1 *Karriere mit YouTube?*

Banque de ressources
Deutsche YouTube-Stars
YouTuber sein ist cool!

1. Wer ist dein YouTube-Star? Ergänze den Steckbrief.

Name: ....

Pseudonym/Kanal: ....

....

Wohnort: ....

Kategorie:
Mode ☐
Musik ☐
Sport ☐
Comedy ☐
Videospiele ☐

2. Ergänze folgende Steckbriefe über andere deutsche YouTube-Stars.

Greif zu!

- Wie heißt deine Person?
- Wo wohnt deine Person?
- Was macht deine Person?
- Kannst du das buchstabieren? (*peux-tu épeler ?*)

Name: ....

Pseudonym/Kanal: ....

....

Wohnort: ....

Kategorie: Sport ☐
Mode ☐ Comedy ☐
Musik ☐ Videospiele ☐

Name: ....

Pseudonym/Kanal: ....

....

Wohnort: ....

Kategorie: Sport ☐
Mode ☐ Comedy ☐
Musik ☐ Videospiele ☐

Name: ....

Pseudonym/Kanal: ....

....

Wohnort: ....

Kategorie: Sport ☐
Mode ☐ Comedy ☐
Musik ☐ Videospiele ☐

Name: ....

Pseudonym/Kanal: ....

....

Wohnort: ....

Kategorie: Sport ☐
Mode ☐ Comedy ☐
Musik ☐ Videospiele ☐

Name: ....

Pseudonym/Kanal: ....

....

Wohnort: ....

Kategorie: Sport ☐
Mode ☐ Comedy ☐
Musik ☐ Videospiele ☐

3. **Welchen Kanal möchtest du abonnieren? Was ist das für ein Kanal?**

Greif zu!

- lustig / komisch: *drôle*
- kreativ: *créatif*
- interessant: *intéressant*
- gut: *bien*
- (nicht) langweilig: *(pas) ennuyeux*
- viele Informationen geben (a, e; i): *donner beaucoup d'informations*

Sprache im Blick Exprimer un souhait

Exercice interactif 1

1 Observe les questions posées :

Welchen Kanal möchtest du abonnieren?
Welchen Kanal willst du abonnieren?

Comment est exprimé le souhait ? Comme se construit la phrase ?
Quelle différence remarques-tu avec le français ?

Pour exprimer le souhait, on peut utiliser la tournure *möchte* ou le verbe de modalité *wollen*.

Complète le tableau de conjugaison suivant.

	möchte	wollen
ich	....	will
du	....	will............
er/sie/es	möchte	will
wir	....	....
ihr	....	....
sie	....	....

2 Übersetze vom Englischen ins Deutsche.

a) I want to be a star.

....

b) We want to make a funny video.

....

c) Which channel do you want to subscribe to?

....

d) He wants to earn money with YouTube.

....

e) They want to have a lot of views.

....

4. Verbinde jedes Wort mit seiner englischen und französischen Übersetzung.

Wort auf Deutsch	Wort auf Englisch	Wort auf Französisch
die Stunde	the day (Monday, Tuesday…)	la semaine
der Tag (Montag, Dienstag…)	the month	le mois
die Woche	the hour	l'année
der Monat	the year	l'heure
das Jahr	the week	le jour (lundi, mardi…)

5. Schreibe für jedes Bild die richtige Legende.

....

....

....

....

....

....

viele Views haben | (ein paar) Videos drehen | ein Star sein | Geld verdienen | einen Kanal abonnieren | eine Kamera haben

Banque de ressources
Philipp Steuer packt aus
Die Wahrheit über YouTube

6. Beantworte folgende Fragen.

a) Wer ist Philipp Steuer? ....

....

b) Wie viel Geld kann er mit YouTube-Videos verdienen? ....

....

....

c) Verdient er auch mit anderen Produkten Geld?..

....

Sprache im Blick Les grands nombres

Exercice interactif 2

1 Observe et complète.

Astuce
Observe le système : il est logique.

1: *eins* 10: .... 100: *hundert*

1.000: *tausend* 10.000: *zehntausend*

100.000: .... 1.000.000: *eine Million*

2: .... 20: .... 200: *zweihundert*

2.000: .... 20.000: *zwanzigtausend*

200.000: ....

2.000.000: *zwei Millionen*

9: .... 90: .... 900: ....

9.000: ....

90.000: ....

900.000: *neunhunderttausend* 9.000.000: ....

2 Im Text steht: „Pro 1.000 Klicks verdient man rund 1 Euro." Ergänze.

Ich möchte .... € verdienen.

Ich brauche .... Klicks.

Astuce
Indique la somme de ton choix, mais fais le bon calcul !

3 Viele Klicks = große Summen: Bilde Sätze wie im Beispiel.

Wie viele Klicks braucht ein YouTuber, wenn er 100 Euro verdienen möchte?
➜ Wenn er 100 Euro verdienen möchte, braucht er hunderttausend Klicks.

a) Wie viele Klicks braucht ein YouTuber, wenn er 500 Euro verdienen möchte?

➜ ....

b) Wie viele Klicks braucht ein YouTuber, wenn er 1000 Euro verdienen möchte?

➜ ....

c) Wie viele Klicks braucht ein YouTuber, wenn er 1500 Euro verdienen möchte?

➜ ....

d) Wie viele Klicks braucht ein YouTuber, wenn er 6000 Euro verdienen möchte?

➜ ....

7. Verbinde jeden Fakt mit der passenden Konsequenz.

Fakt	Konsequenz
Spezialist für *Mode*, *Videospiele*... sein	Erfolg haben und ein Star werden
viele Views und viele Abonnenten haben	gute Tipps geben (a, e; i)
ein Musikvideo drehen	ein Album produzieren
Geld verdienen	reich werden

8. Möchtest du mit YouTube Geld verdienen? Beschreibe deinen Traum.

Greif zu!

- In meinem Traum habe ich einen YouTube-Kanal über...
- Ich möchte...
- Ich... und habe damit Erfolg (*avoir du succès*)

Etappe 3 Von YouTube-Videos zum Bestseller

9. Mach dir Notizen zu den Motivationen von Sami Slimani.

....

....

....

....

10. Formuliere jetzt Samis Motivationen.

Sami möchte ....

....

....

....

Sprache im Blick Exprimer la cause

1 Observe la phrase suivante :

Ich mache YouTube-Videos, weil es meine Leidenschaft ist.

Comment la phrase est-elle construite ? Que signifie *weil* ?

....

2 Warum macht Sami Slimani Videos? Bilde Sätze wie im Modell.

(Menschen inspirieren wollen)
➜ Sami Slimani macht Videos, weil er Menschen inspirieren will.

a) (etwas in der Welt verändern wollen)

➜ ....

b) (sein Publikum berühren wollen)

➜ ....

c) (seinen Fans positive Energie geben wollen)

➜ ....

d) (seinen Traum realisieren wollen)

➜ ....

Banque de ressources
Tipps für den Start auf YouTube

11. Lies die Tipps für einen erfolgreichen YouTube-Kanal.

STRATEGIE **a)** Comprendre des mots inconnus à l'aide du contexte.
Tu peux t'appuyer sur le contexte (mots connus, transparents, etc.) pour comprendre des mots inconnus. Fais l'expérience avec le tableau ci-dessous :

Mot inconnu	sich verstellen	dumm
Mots transparents	**authentisch** sein eine **Rolle** spielen **normal** reden	der **Kommentar** (e)
Mots connus, contexte	***natürlich***: .... + ***sich verstellen*** est sur le même plan que : ***Rollen spielen*** et s'oppose à : ***authentisch sein, normal reden***	Les commentaires semblent pouvoir nuire à la confiance en soi. ***Dumm*** aurait donc une connotation péjorative
Mon hypothèse de traduction	....	....
Vérification dans le dictionnaire	☐ J'ai trouvé la solution. ☐ Je n'ai pas trouvé la traduction exacte, mais le sens est très proche. ☐ Mon hypothèse n'était pas la bonne, car	☐ J'ai trouvé la solution. ☐ Je n'ai pas trouvé la traduction exacte, mais le sens est très proche. ☐ Mon hypothèse n'était pas la bonne, car ....

b) Was passt zusammen?

Tipp 1	authentisch sein man selbst bleiben	die dummen Kommentare nicht wirklich lesen (a, e; ie)
Tipp 2	kreativ sein	einen persönlichen Stil finden (a, u)
Tipp 3	anders sein	neue Ideen haben
Tipp 4	selbstsicher *bleiben (ie, ie)	nur die besten Videos hoch/ laden (u, a; ä) (= uploaden)
Tipp 5	clever sein	natürlich sein

12. Dein YouTube-Kanal

a) Erstelle eine Mindmap mit den wichtigsten Punkten für einen erfolgreichen YouTube-Kanal.

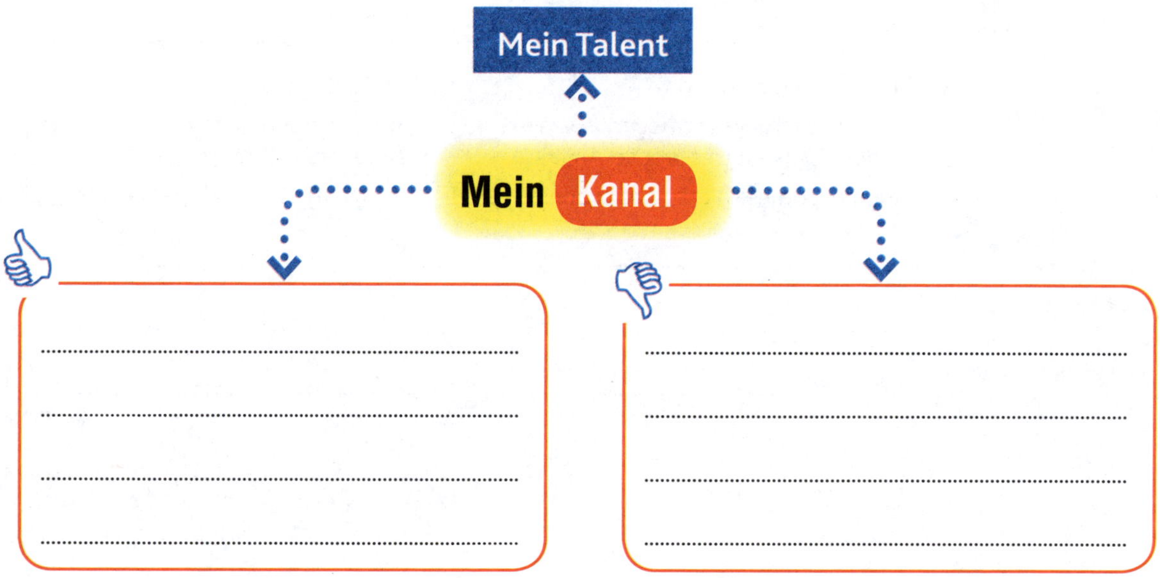

b) Erkläre deine Qualitäten. Benutze dabei die Tipps im Text. Vielleicht hast du auch persönliche Ideen.

....

....

....

....

....

13. Schau dir diese Karikatur an. Wie findest du sie?

Greif zu!

- jn interviewen: *interviewer qn*
- einen Dolmetscher brauchen: *avoir besoin d'un interprète*

14. Aussprache-Training

Zungenbrecher

Testtexte texten Testtexter, Testtexter texten Testtexte.

Bilan

Projekt: Deinen YouTube-Kanal vostellen
Du stellst bald dein Konzept vor. Mach dir Notizen zu deinem Kanal.

- Thema/Kategorie: ....
- Mein Künstlername: ....
- Name meines YouTube-Kanals: ....
- Publikum: ....
- Andere Produkte: ....
- Innovation/ Warum ist mein Kanal interessant? ....

....

- Mein Talent: ....
- Meine Motivation: ....

Parcours Schule

Schule – (fürs) Leben lernen? A1

Mes étapes

Einstieg
1. Ein Fach, viele Fächer
2. Montag Schule, Dienstag Schule...
3. Meine Schulsachen
4. Ein ganz normaler Schultag

Mon projet : Ein Plakat über einen komischen Tag machen

Mes objectifs

Lexique : L'école
L'heure
Grammaire : Indiquer un horaire ou un moment de la journée
Exprimer un devoir avec *müssen*

Etappe 1 *Ein Fach, viele Fächer*

Banque de ressources
Was lernen deutsche Schüler?
Viele Lieblingsfächer

1. Kennst du die deutschen Schulfächer? Fülle das Silbenrätsel aus. Exercice interactif 1

lisch • ~~de~~ • kunst • gi • schich • ~~kun~~ • chor • tik • te • sisch • zö • sport • ~~erd~~ • deutsch • ge • lo • eng • re • sik • fran • sik • gie • ma • phy • li • bio • the • mu • on • ma

Beispiel:

Erdkunde

a

_ _ _ _ _ _

g

_ _ _ _ _ _

b

_ _ _ _ _ _ _ _ _ _

h

_ _ _ _ _ _ _ _ _

c

_ _ _ _ _ _ _ _ _ _

i

_ _ _ _ _ _ _ _ _ _ _

d

_ _ _ _ _ _ _ _ _ _ _ _ _

j

_ _ _ _ _ _ _

e  _ _ _ _ _

k  _ _ _ _ _ _ _ _ _ _ _ _

f  _ _ _ _ _ _

l 

_ _ _ _ _ _ _ _ _ _ _ _

2. Welche Lieblingsfächer haben diese Schüler?

a) Kreuze in der Tabelle die Lieblingsfächer an.

	Bio	Mathe	Physik	Chemie	Musik	Deutsch	Engl.	Franz.	Geschichte
Charice	☐	☐	☐	☐	☐	☐	☐	☐	☐
Toni	☐	☐	☐	☐	☐	☐	☐	☐	☐
Alena	☐	☐	☐	☐	☐	☐	☐	☐	☐
Lee	☐	☐	☐	☐	☐	☐	☐	☐	☐
Isabel	☐	☐	☐	☐	☐	☐	☐	☐	☐
Camilla	☐	☐	☐	☐	☐	☐	☐	☐	☐
Bea	☐	☐	☐	☐	☐	☐	☐	☐	☐
Borislav	☐	☐	☐	☐	☐	☐	☐	☐	☐
Sonja	☐	☐	☐	☐	☐	☐	☐	☐	☐
Arina	☐	☐	☐	☐	☐	☐	☐	☐	☐
Corvin	☐	☐	☐	☐	☐	☐	☐	☐	☐

b) Wofür lernen die Schüler am liebsten? Hör es dir noch einmal an und ergänze:

1) Ich .... am liebsten .... Geschichte, weil ich mir dort am besten die Daten merken kann. Und ich finde das einfach zu lernen.

2) Englisch, das .... ich sehr, weil… ich will fließend Englisch sprechen können, und deshalb lerne ich halt sehr viel.

3) Geschichte, weil es auch am meisten ....

4) Für Mathe, weil Mathe mein .... ist.

5) Ich persönlich lerne lieber für Bio, weil… Biologieunterricht macht mir Spaß mit unserem Lehrer,

und es .... auch, was wir gerade machen.

3. Wofür lernen deine Mitschüler am liebsten?

a) Frage fünf Schüler und notiere die Antworten in der Tabelle.

Greif zu!

- Was ist dein Lieblingsfach?
- Ich habe 2 Lieblingsfächer: … und …
- Wofür lernst du am liebsten?
- Für…

Vorname	Schulfach/Schulfächer

b) Erstelle dann mit der ganzen Klasse eine Statistik.

Sprache im Blick — Indiquer un horaire ou un moment de la journée (1/2)

1 Observe les exemples suivants :

Wir haben am Montag und am Donnerstag Biologie.
Wir haben um 8 Uhr Biologie.
Wir haben oft am Vormittag Deutsch.

Pour dire l'heure, on utilise la préposition ....

Pour dire le jour ou le moment de la journée, on utilise la préposition ....

Attention : Si tu commences ta phrase par l'indication temporelle, il faut inverser le verbe et le sujet pour que le verbe reste en deuxième position :

Wir haben am Montag Biologie. / Am Montag haben wir Biologie.

2 **Formuliere vier Informationen aus deinem Stundenplan.**

- ....
....
- ....
....
- ....
....
- ....
....

4. Wortfabrik

STRATEGIE **a)** Les prépositions peuvent t'aider à fabriquer d'autres mots. Il suffit parfois de les ajouter avant le mot (on les appelle alors « préfixe ») pour modifier son sens.
Utilise les prépositions suivantes pour former de nouveaux mots :
vor = avant ←
nach = après →
über = par-dessus ↷

b) Se repérer dans la journée : relève le mot pour la pause en milieu de journée dans l'emploi du temps. Note-le dans le tableau et décompose-le. Utilise ensuite les prépositions pour former de nouveaux mots pour « matinée » et « après-midi ».

←	12.15 – 13.15	→
....	.... = ... (s) + ...	....

c) Se repérer sur plusieurs jours : complète à l'aide de prépositions.

←		↓	↷	
Montag	Dienstag	Mittwoch	Donnerstag	Freitag
....	gestern	heute	morgen	....

5. Stundenpläne

a) Frage deinen Partner nach seinem Stundenplan. Tausche mit ihm die Informationen aus.

Greif zu!

- Was hast du am Montag in der ersten Stunde?
- Wann hast du Erdkunde?

b) Notiere seine Antworten in der Tabelle.

	Montag	Dienstag	Mittwoch	Donnerstag	Freitag
8.55 – 8.10					
9.40 – 8.55					
10.25 – 9.40					
10.45 – 10.25					
11.30 – 10.45					
12.15 – 11.30					
13.15 – 12.15					
14.00 – 13.15					
14.45 – 14.00					

6. Was sollst du einpacken? Exercice interactif 2

a) Schau dir die Bilder an.

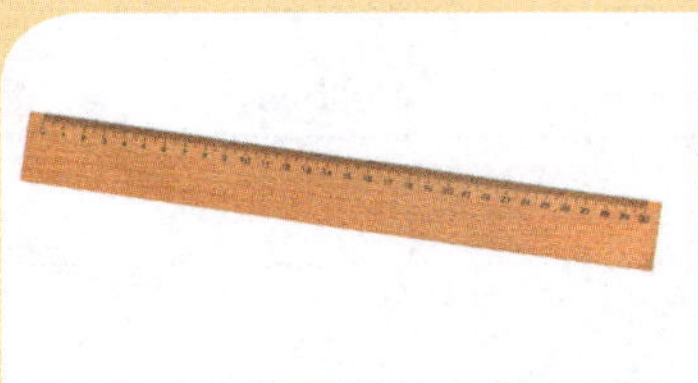

das Lineal (e)

der Taschenrechner (-)

das Buch (¨er)

der Textmarker (-)

der Bleistift (e)

der Buntstift (e)

das Heft (e)

der Filzstift (e)

der Turnbeutel (-)

die Federtasche (n)
= das Federmäppchen (-)

der (An)spitzer (-)

der Kugelschreiber (-)
= der Kuli (s)

die Schultasche (n)

der Füller (-)

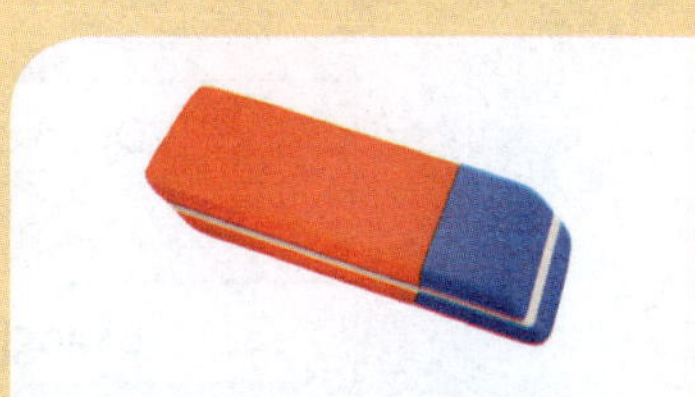

der Radiergummi (s)

b) Hör zu und trage die Informationen in die Tabelle ein. MP3

	Tag		Schulfach	Material
1.	Ø	am Vormittag	....	....
		am Nachmittag	....	....
2.		am Vormittag	....	....
		am Nachmittag	....	....
3.		am Vormittag	....	....
		am Nachmittag	....	....

7. Welches Material brauchst du morgen?

a) Verbinde jedes Fach mit dem passenden Material.

Geschichte	Buntstifte (Pl.)
Mathematik	der Turnbeutel
Kunst	das Deutsch-Heft
Deutsch	der Taschenrechner
Biologie	der Notizblock
Sport	das Tierbuch

STRATEGIE **b)** Pour exprimer un besoin, on peut utiliser le verbe *etw. brauchen*. « *etw.* » indique que le verbe se construit avec un accusatif. Complète le tableau de déclinaison à l'aide du Mémento grammatical, p. 127.

	Masculin	Féminin	Neutre	Pluriel
accusatif de l'article défini	*d............*	*d............*	*das*	*d............*
accusatif de l'article indéfini	*ein............*	*ein............*	*ein............*	Ø

c) Was brauchst du für …? Bilde Sätze wie im Beispiel.

Beispiel: Für Geschichte brauche ich den Notizblock.

....

....

....

....

....

Greif zu!

- Hilf mir, ich muss meine Sachen für morgen packen.
- Ok, was hast du in der ersten Stunde?
- …
- Dann brauchst du…

8. Aussprache-Training

Zungenbrecher

Wer nichts weiß und weiß, dass er nichts weiß, weiß mehr als der, der nichts weiß und nicht weiß, dass er nichts weiß.

Etappe 4 *Ein ganz normaler Schultag*

Banque de ressources
Mein typischer Tag
Meine Morgenroutine

9. Was macht dieses Mädchen an einem normalen Tag? Exercice interactif 3

a) Ordne die Aktivitäten chronologisch.

A frühstücken

B seine Hausaufgaben machen

C *auf/stehen (a, a)

D nach Hause *gehen (i, a)/ *fahren (u, a; ä)

E duschen

F schlafen *gehen (i, a)

G zur Schule *gehen (i, a)/ *fahren (u, a; ä)

H zu Abend essen (a, e; i)

I sich an/ziehen (o, o)

J Mittag essen (a, e; i)

b) Hör jetzt zu und notiere die Uhrzeiten in der Tabelle.

	Aktivität	Uhrzeit
1.	....	.... Uhr ....
2.	sich an/ziehen (a, o)	Ø
3.	....	.... Uhr ....
4.	....	.... Uhr ....
5.	Mittag essen (a, e; i)	Ø
6.	....	.... Uhr ....
7.	....	von .... Uhr .... bis .... Uhr ....
8.	....	.... Uhr ....
9.	duschen	Ø

Sprache im Blick Indiquer un horaire ou un moment de la journée (2/2)

1 Il existe deux façons d'indiquer l'heure.

• L'heure « digitale » est souvent réservée aux renseignements très précis, comme l'horaire d'un bus, par exemple :

Der Bus fährt um 12.37 Uhr („zwölf Uhr siebenunddreißig").

• Mais au quotidien, on utilise le plus souvent une autre façon de l'exprimer, surtout à l'oral.

Observe :

a) Ich dusche **um 10 nach 7**.

b) Ich gehe **um 20 vor 9** in die Schule.

c) Ich habe **um neun (Uhr)** Schule.

d) Ich habe **um Viertel nach zwölf** Mittagspause.

e) Um Viertel vor drei gehe ich nach Hause.

f) Um halb elf habe ich Pause.

Indique ces 6 horaires dans les horloges ci-dessous.

a)

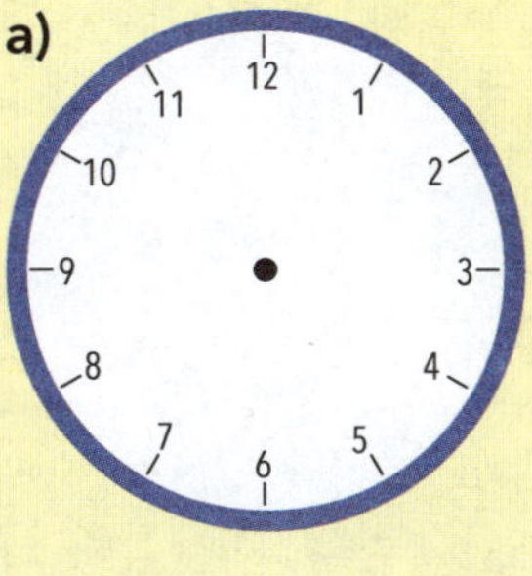

b)

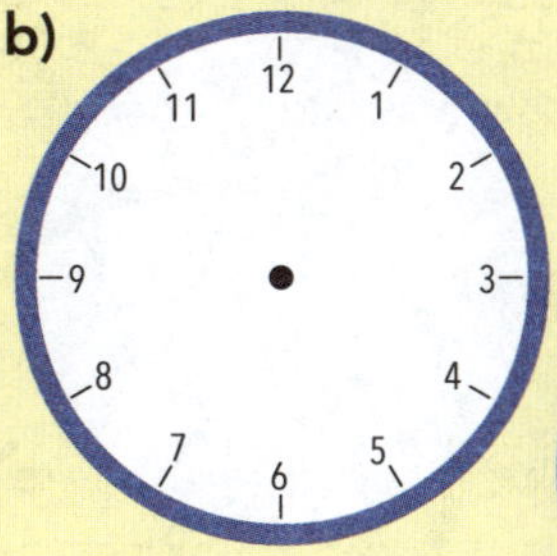

c)

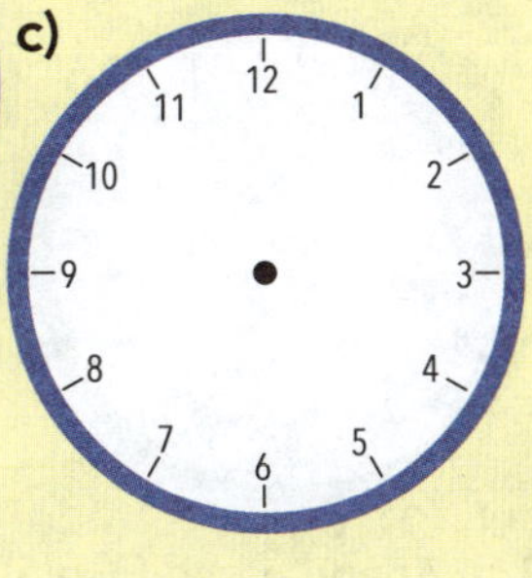

Astuces

• Tu peux déduire le sens de *Viertel vor* et *Viertel nach*, car tu connais déjà le nombre *vier* et le sens des prépositions *vor* et *nach*.

• *halb* indique une moitié de quelque chose.

d) 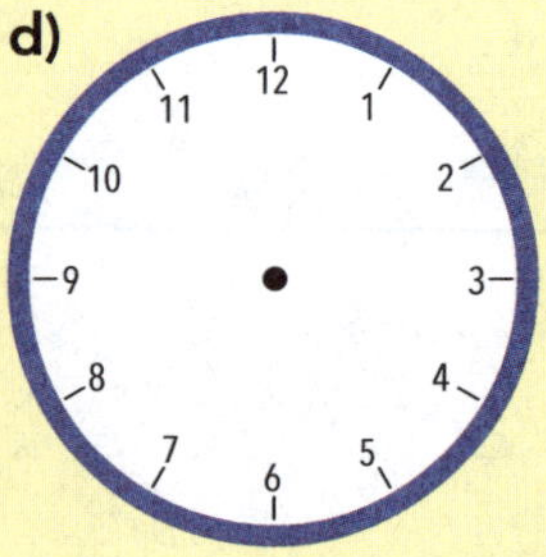 e) 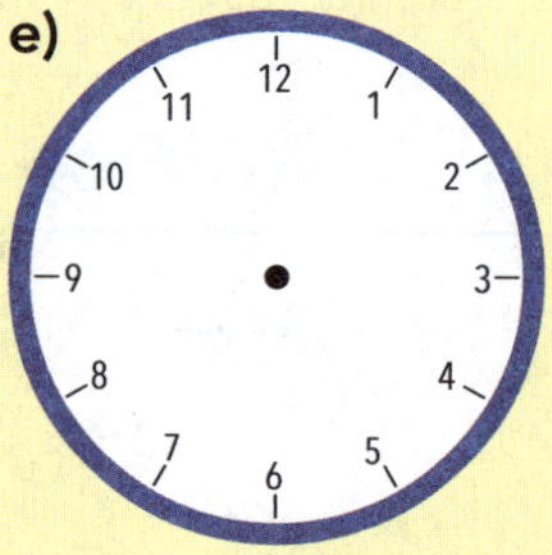 f) 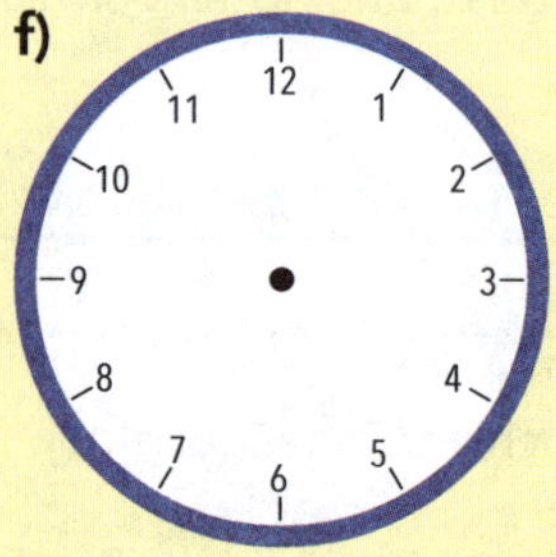

Attention, il ne faut pas confondre :

– *Wie viel Uhr ist es?/Wie spät ist es? –* ***Es ist*** *neun Uhr.*

– *Wann hast du Mathe?/Um wie viel Uhr hast du Mathe? – Mathe habe ich* ***um*** *neun.*

2 Remplis le tableau en appliquant ces règles.

8:00	Es ist ....
15.45	....
....	Es ist Viertel vor 7.
....	Es ist 9 Uhr 20.
14:30	....
19:50	....

10. Hör dir den Tagesablauf des Jungen an und notiere die richtige Uhrzeit. MP3

a) *auf/wachen

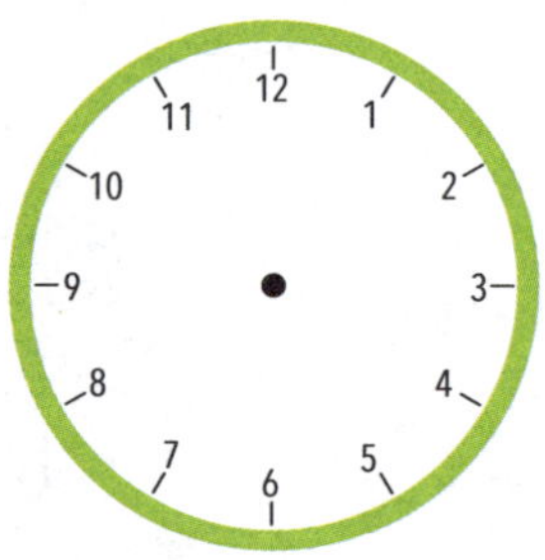

b) duschen

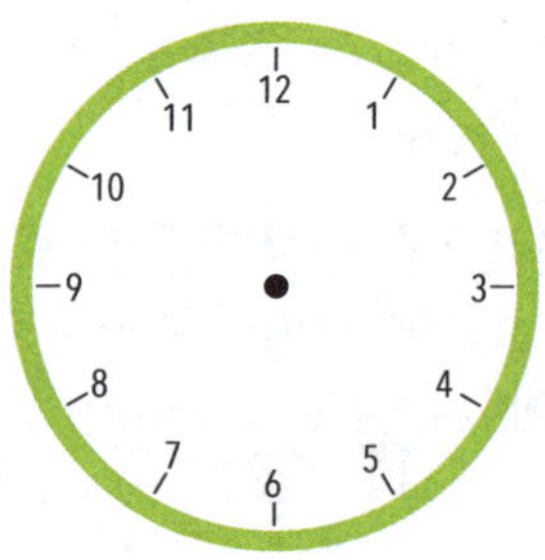

c) mit dem Bus zur Schule *fahren (u, a; ä)

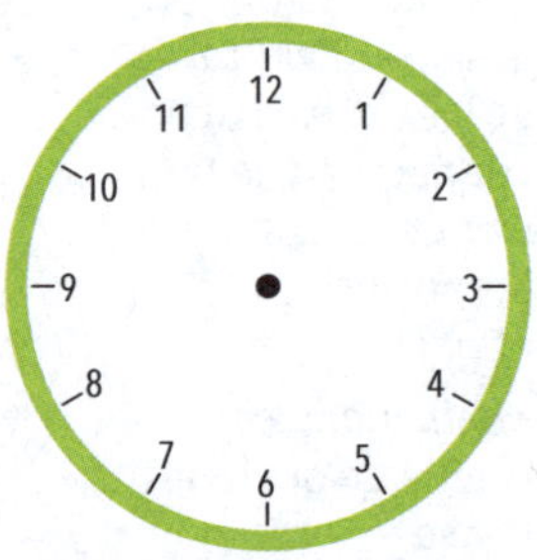

d) Schulschluss haben

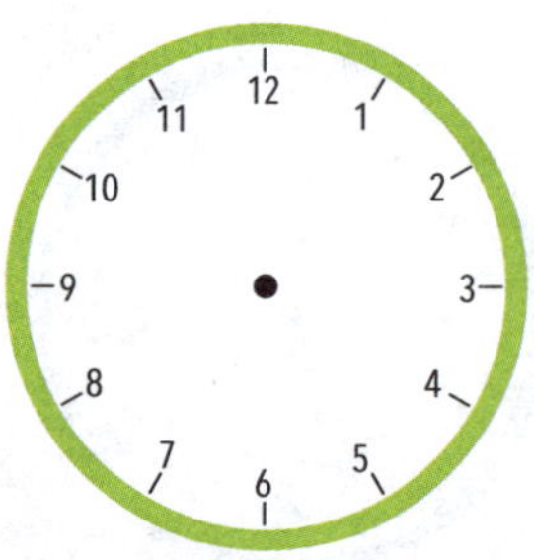

e) zu Abend essen (a, e; i)

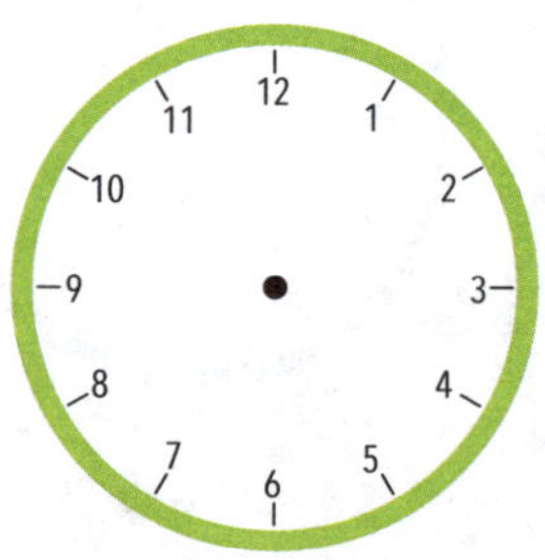

f) schlafen *gehen (i, a)

11. Formuliere die Antworten auf diese Fragen. Exercice interactif 4

Beispiel: Wie spät ist es? – 15 Uhr ➜ Es ist drei Uhr.
Wann hast du Mathe? – 11.15 Uhr ➜ Um Viertel nach elf habe ich Mathe.

a) Wann hast du Französisch? – 8.15 Uhr

....

b) Wie spät ist es? – 15.45 Uhr

....

c) Wann stehst du auf? – 7.30 Uhr

....

d) Um wie viel Uhr gehst du zur Schule? – 8.45 Uhr

....

e) Wie viel Uhr ist es? – 20.15 Uhr

....

f) Wann duschst du? – 19.30 Uhr

....

g) Wann esst ihr zu Abend? – 19.00 Uhr

....

h) Wann gehst du schlafen? – 21.30 Uhr

....

12. Beschreibe deinen normalen Tag.

a) Fülle zuerst die Tabelle aus.

Beispiel: ... : ... Uhr	**aufstehen**	**Ich muss um ... . Uhr aufstehen**
....	....	....
....	....	....
....	....	....
....	....	....
....	....	....

b) Notiere dann ganze Sätze in deinem Heft.

Sprache im Blick Exprimer un devoir avec *müssen*

1 Observe les phrases suivantes.

Ich muss um 6 Uhr 45 aufstehen. Mein Bruder muss um 7 Uhr aufstehen. Um 7 Uhr 30 muss ich zur Schule gehen. Nachmittags müssen wir Hausaufgaben machen.

- Souligne tous les verbes dans ces phrases.
- Lequel est le verbe conjugué ? Note-le à l'infinitif. ....
- Qu'est-ce qu'il exprime ? ....
- Où et à quelle forme se trouve le deuxième verbe de la phrase ? ....

Le verbe .... fait partie des verbes de modalité, qui se construisent et se conjuguent tous de la même façon.

- Renseigne le tableau de conjugaison au présent à l'aide des phrases ci-dessus ou de tes connaissances (les personnes pour lesquelles tu n'as pas d'exemple sont régulières).

	..............................(infinitif)	terminaisons des verbes de modalité (au présent)
ich		
du		
er/sie/es		
wir		
ihr		
sie/Sie		

2 Das ist die „To-do Liste" von Familie Heise. Formuliere, was die Personen machen müssen.

a) den Turnbeutel mitnehmen (Lisa)

....

b) das Abendessen machen (die Eltern)

....

c) für Geschichte lernen (Lisa und Lucas)

....

d) für Englisch lernen (ich)

....

e) am Freitag in der Kantine essen (wir)

....

13. Stelle deinen Mitschülern Fragen über ihren normalen Tag.

Greif zu!

- Wann musst du aufstehen?
- Wann musst du zur Schule gehen?

14. Notiere jetzt den typischen Tag von zwei Klassenkameraden.

....	*auf/stehen (a, a)
....	frühstücken
....	zur Schule *gehen (i, a) / *fahren (u, a; ä)
....	nach Hause *gehen (i, a) / *fahren (u, a; ä)
....	Hausaufgaben machen
....	zu Abend essen (a, e; i)
....	schlafen *gehen (i, a)

....	*auf/stehen (a, a)
....	frühstücken
....	zur Schule *gehen (i, a) / *fahren (u, a; ä)
....	nach Hause *gehen (i, a) / fahren* (u, a; ä)
....	Hausaufgaben machen
....	zu Abend essen (a, e; i)
....	schlafen *gehen (i, a)

Parcours Freizeit

Endlich Zeit für Freizeit! A1

Mes étapes

Einstieg
1. Spaß und Freizeit
2. Was hast du für Hobbys?
3. Im Jugendzentrum
4. Ich plane meine Woche

Mon projet : Zu dritt ein Programm organisieren

Mes objectifs

Lexique : Les activités de loisirs
L'heure

Grammaire : Exprimer ce qu'on aime faire
Le verbe de modalité *können*
Exprimer le souhait et la préférence

Etappe 1 *Spaß und Freizeit*

Banque de ressources
Deutsche Jugendliche und ihre Freizeit
Freizeitaktivitäten

1. Ordne die Wörter den Bildern zu. Exercice interactif 1

fern/sehen (a, e; ie) • Computerspiele spielen • Sport machen • im Internet surfen • etwas mit der Familie machen • mit Freunden *aus/gehen (i, a) • Bücher lesen (a, e; ie) • Musik machen

....

....

....

....

....

....

....

....

2. Was machen deutsche Jugendliche wohl in ihrer Freizeit?

a) Ergänze die Statistik mit deinen Ideen.

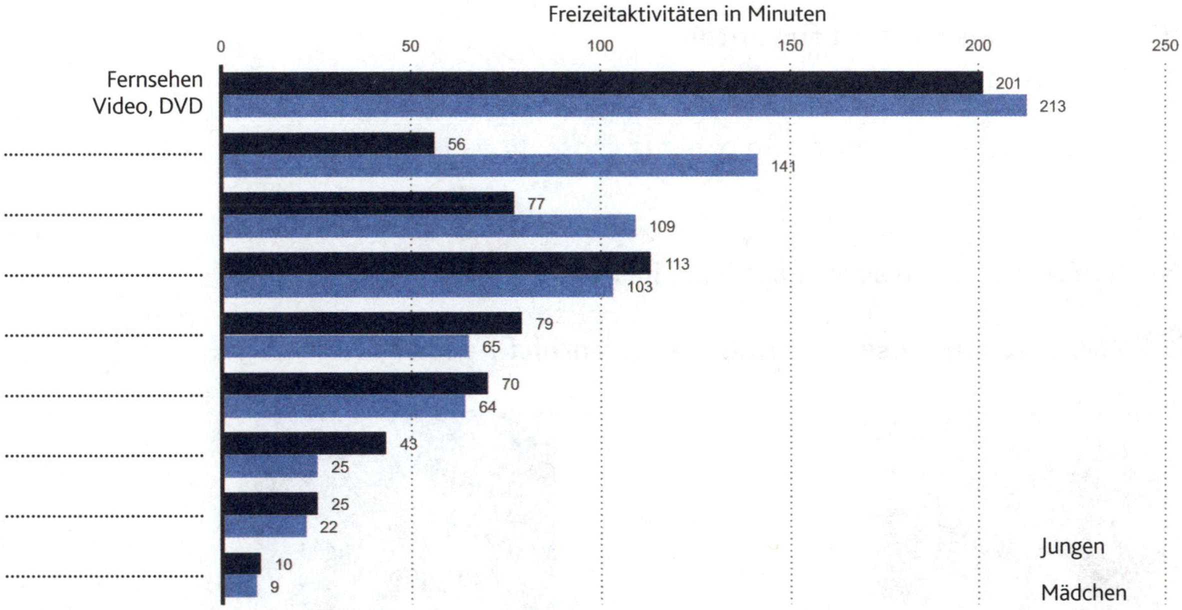

b) Formuliere dann deine Hypothesen.

Greif zu!

- [+++] Die meisten Jugendlichen / Die meisten **Mädchen** / Die meisten **Jungen**… gern…
- [++] Viele Jugendliche / Viele **Mädchen** / Viele **Jungen** … gern…
- [+] Wenige Jugendliche / Wenige **Mädchen** / Wenige **Jungen**… gern…

3. Verbinde jede Aktivität mit dem passenden Beispiel.

Einsatz für Umwelt, Politik oder Soziales	mit seinen Eltern ins Theater *gehen (i, a)
Familienunternehmungen	mit Freunden ein Eis essen *gehen (i, a)
Musik machen	auf einem Forum mit Freunden schreiben (ie, ie)
fern/sehen (a, e; ie)	sich für ein Thema engagieren
Computerspiele	*Anno 2205* spielen
Sport treiben (ie, ie)	auf Arte eine Serie schauen
im Internet chatten	Handball spielen
*aus/gehen (i, a)	Gitarre spielen
Bücher lesen (a, e; ie)	in einer Bibliothek *Momo* lesen (a, e; ie)

Sprache im Blick Exprimer ce qu'on aime faire

1 Observe les phrases suivantes.

Ich mag Fußball. ☺ Ich spiele gern Fußball. ☺ Ich sehe nicht gern fern. ☹

Pour exprimer que tu aimes faire quelque chose, tu peux utiliser ....

ou ....

Pour dire ce que tu n'aimes pas, tu ajoutes la négation ....

2 Was machen diese Jugendlichen gern/nicht gern?

a) ☹ Tim ....

....

b) ☺ Sina ....

....

c) ☺ Jana und Kevin ....

....

d) ☹ Anna ....

....

e) ☺ Marco und Lena ....

....

f) ☹ Elsa ....

....

Banque de ressources
Eine Umfrage rund um Hobbys

4. **Interviewe deinen Nachbarn über seine Hobbys.** Exercice interactif 2-4

a) Wie heißt ... auf Deutsch? Ergänze die Tabelle mit den deutschen Übersetzungen.

*reiten (i, i) • Fußball spielen • tanzen • Musik hören • Skateboard *fahren (u, a; ä) • Gitarre spielen • joggen • ins Kino *gehen (i, a) • *schwimmen (a, o) • Freunde treffen (a, o; i) • Mountainbike *fahren (u, a; ä)

Astuce
Appuie-toi sur les ressemblances entre l'anglais et l'allemand.

a) to skateboard	....
b) to jog	....
c) to ride	....
d) to ride a mountain bike	....
e) to danse	....
f) to play the guitar	....
g) to play football	....
h) to listen to music	....
i) to meet friends	....
j) to swim	....
k) to go to the cinema	....

b) Stell jetzt deinem Nachbarn Fragen.

Greif zu!
- Was machst du (nicht) gern in deiner Freizeit?
- Ich + V + gern / nicht gern…
- In meiner Freizeit + V + ich gern / nicht gern…

5. Bei deiner deutschen Gastfamilie hängt in der Küche ein Familienkalender.

a) Schau dir den Wochenkalender der Familie an.

Wochenkalender

	Montag	Dienstag	Mittwoch	Donnerstag	Freitag	Samstag	Sonntag
Mama		9 Uhr Fitness		19–20 Uhr Chor	21 Uhr Theater	10 Uhr Fitness	
Papa			20 Uhr Tennis		21 Uhr Theater		
Sina	8–15 Uhr Schule 15 Uhr Die Franzosen kommen!	8–13 Uhr Schule 15.15 Uhr zum Zahnarzt[1]	9–16 Uhr Schule 18–19.30 Uhr Reiten	8–13 Uhr Schule	8–13 Uhr Schule 16 Uhr Tanzen im Juze		
Tim		15.30 Uhr Klettern im Juze			16 Uhr Hallenfußball im Juze 18 Uhr Juze-Café		

1. *der Zahnarzt* : le dentiste

b) Was erfährst du über die Hobbys und die Aktivitäten der Familie?

Greif zu!

- Die Hobbys meiner Gastmutter sind… / Meine Gastmutter… gern
- Die Hobbys meines Gastvaters sind… / Mein Gastvater… gern
- Sinas Hobbys sind… / Sie…
- Tims Hobbys sind… / Er…

6. Lies den Artikel und beantworte diese Fragen.

a) Für welches Wort ist „Juze“ eine Abkürzung (*abréviation*)?

➜ ....

b) Wo ist es? (Adresse? Stadt?)

➜ ....

c) Was kann man dort alles machen?

➜ Man kann dort ....

7. Schau dir die Flyer mit den Aktivitäten des Juze an.

a) Stell den anderen eine Aktivität vor.

Greif zu!

- Ihr könnt im Juze am... / jeden...
- Das fängt um... Uhr an.
- Die Aktivität ist für Jugendliche ab... Jahren / von... bis... Jahren.

b) Welches Profil passt? Suche eine interessante Aktivität für die Jugendlichen.

1. Sandra, 14, macht gern Grimassen und singt gern Karaoke.

➜ ....

2. Tim, 17, Muskelpaket.

➜ ....

3. Tina, 13, liest gern romantische Texte und hört gern rhythmische Musik.

➜ ....

4. Jochen, 16, spricht gern Englisch und Türkisch, nicht schüchtern (*timide*).

➜ ....

5. Matze, 16, Kletterexperte und sehr sportlicher Typ.

➜ ....

Etappe 4 *Ich plane meine Woche*

Banque de ressources
Lukas' Anruf

8. Hör dir Lukas' Anruf an und beantworte diese Fragen.

a) Was will Lukas machen?

....

b) Welcher Tag ist heute? Wie viel Uhr ist es?

....

c) Könnt ihr kommen? Schau auf dem Kalender nach. Vergleiche mit den Öffnungszeiten.

....

d) Wann könnt ihr kommen? Was kann Sina vorschlagen (*proposer*)?

....

Sprache im Blick Le verbe de modalité *können*

1 Observe les phrases suivantes et souligne le verbe conjugué.

Man kann im Juze Theater spielen.
Kannst du klettern?
Könnt ihr ins Café kommen?
Ich kann nicht singen.

Complète le tableau de conjugaison à l'aide des formes soulignées.
Les formes pour lesquelles tu n'as pas d'exemple sont régulières.

können	
ich	....
du	....
er/sie/es	....
wir	....
ihr	....
sie/Sie	....

2 Wann hast du heute Zeit? Bilde Sätze.

Beispiel: ich • Samstag • 12.45 Uhr ➜ Ich kann am Samstag um 12.45 Uhr.

a) wir • Sonntag • 16 Uhr

➜ ....

b) ihr • Freitag • 17.30 Uhr

➜ ....

c) Jan • Montag • 15.15 Uhr

➜ ....

d) Tina und Leo • Dienstag • 20 Uhr

➜ ....

e) du • Montag und Dienstag • 18.15 Uhr

➜ ....

f) ich • Mittwoch • 15.45 Uhr

➜ ....

9. Was willst du am Wochenende mit Sina machen? Diskutiert zu zweit.

Greif zu!

► Du: Hallo Sina! **Willst** du mit mir Handball spielen?

► Sina: Handball?! Oh nein... Ich spiele nicht gern Handball. Ich **will lieber** ins Kino gehen...

Sprache im Blick — Exprimer le souhait et la préférence

1 Observe ces phrases : comment est exprimé le souhait ? Et la préférence ?

Ich möchte Handball spielen.
Willst du ins Jugendzentrum kommen?
Ich will lieber shoppen gehen!

2 Was wollen die Personen (lieber)? Bilde die Sätze!

Beispiel: Sina • ins Kino gehen // Tom • Computer spielen
→ Sina **will** ins Kino gehen. Tom **will lieber** Computer spielen.

a) ich • Basketball spielen // du • zu Hause *bleiben (ie, ie)

....

b) wir • *schwimmen (a, o) // ihr • im Park Tennis spielen

....

c) ihr • an der Konsole spielen // wir • Musik hören

....

d) du • ein Picknick machen // ich • ein Eis essen *gehen (i, a)

....

e) Sebastian • Trompete spielen // Anna-Lena • ihre Freunde treffen (a, o; i)

....

f) Tina und Leo • in den Park *gehen (i, a) // Sina und Jan • ins Kino *gehen (i, a)

....

10. **Sina hat 13 Hobbys. Welche?**

a) Finde sie heraus. Du darfst nur senkrecht (↕) und waagerecht (↔) gehen.

→ tanzen, Gi...

Start

tan	zen	gen	Ki	en	ins	Ki	no
rei	Gi	ten	mach	sing	sing	hen	ge
sik	tar	no	rei	ten	jog	ma	zen
Trom	re	spie	len	pete	chat	len	ten
ska	ren	Fahr	men	schwim	ten	tanz	ma
ten	fah	rad	Basket	sole	ball	Kon	fen
Mu	sik	Freun	de	tref	Park	jog	ten
ren	hö	ren	nen	fen	im	gen	

Ende

b) Was macht Sina gern? Schreibe 5 Beispiele.

→ Sina tanzt gern.

→ ....

→ ....

→ ....

→ ....

→ ....

11. **Aussprache-Training**

Zungenbrecher

Wenn Fliegen hinter Fliegen fliegen, fliegen Fliegen Fliegen nach.

Super stark in den Tag!

A1

Mes étapes

1. Dein Frühstückstyp
2. Wie frühstücken die Deutschen?
3. Der beste Start in den Tag?
4. Ein deutsches Frühstück organisieren

Mon projet : Zusammen frühstücken

Mes objectifs

Lexique : Le petit déjeuner
La forme et la santé
Grammaire : Utiliser l'accusatif
Exprimer les contenants et les contenus
Exprimer un devoir avec *sollen*

Etappe 1 *Dein Frühstückstyp*

Banque de ressources
Gesundes Frühstück
Einige Frühstückstypen

1. Vor dem Hören: Sieh dir die Bilder an. Zeichne die Bilder, die fehlen.

2. Hör zu. Was haben diese Schüler heute gefrühstückt? Kreuze an.

Astuce
Appuie-toi sur les mots transparents et sur l'anglais.

Getränke

☐ ein Glas Apfelsaft

☐ Kakao (der)

☐ Milch (die)

☐ Tee (der)

☐ Orangensaft (der)

☐ Wasser (das)

Essen

☐ Brot, Vollkornbrot (das)

☐ Apfel (¨) (der)

☐ Banane (n) (die)

☐ Paprika (-) (die)

☐ Joghurt (-) (das)

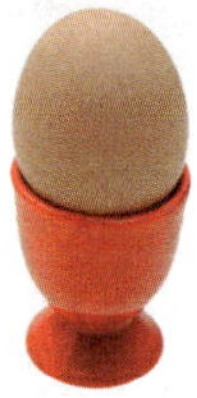
☐ ein gekochtes Ei (das)

☐ Käse, Schmierkäse, Frischkäse (der)

☐ Marmelade (die)

Butter (die)

☐ Karotte (n) (die)

☐ Honig (der)

☐ Mandeln (Pl.)

☐ Müsli (das)

☐ Gurke (n) (die)

☐ Mandarine (n) (die)

☐ Brötchen (n) (das)

☐ Quark (der)

☐ Schinken (der)

3. Aussprache-Training. Hör zu und ergänze die Wörter. MP3 Exercice interactif 1

die Mil.............. – die ....okolade – der ....inken – der ....mierkäse – das Bröt..............en – der Auf..............nitt – der Honig – der Ni..............t-Frühstücker – salzig – deut............ – für di.............. – ....nell

➜ **Observe** : Le son [ʃ] qui se prononce comme en français se transcrit ....

Le son [ç], qu'on retrouve dans *ich*, se transcrit .... ou .... quand le son est en fin de mot.

4. Und du? Was frühstückst du?

Greif zu!

- Was isst du?
- Zum Frühstück esse ich… (einen Apfel, eine Banane, ein Brötchen…)
- Was trinkst du?

Sprache im Blick — Utiliser l'accusatif

1 Observe les phrases et réponds aux questions.

Zum Frühstück isst Maja ein Käsebrot, eine Banane und Mandeln.
Sie trinkt dazu einen Tee.

a) Souligne les groupes nominaux. Quelle est leur fonction par rapport au verbe de la phrase ?

b) Entoure les déterminants indéfinis. Les as-tu déjà tous rencontrés ? Observe les marques présentes au bout de *ein* : que constates-tu ? Que peux-tu en déduire pour les marques de l'accusatif ?

2 Complète ce tableau :

		Masculin singulier	Neutre singulier	Féminin singulier	Pluriel
Nominatif	déterminant défini	der Tee	das Käsebrot	die Banane	die Mandeln
Nominatif	pronom personnel	er	es	sie	sie
Nominatif	déterminant indéfini	ein Tee	ein Käsebrot	eine Banane	Ø Mandeln
Nominatif	déterminant négatif *kein*	kein Tee	kein Käsebrot	keine Banane	keine Mandeln
Accusatif	déterminant défini	de...... Tee	das Käsebrot	die Banane	die Mandeln
Accusatif	pronom personnel	ih…	es	sie	sie
Accusatif	déterminant indéfini	ein...... Tee	ein...... Käsebrot	ein...... Banane	ø Mandeln
Accusatif	déterminant négatif *kein*	kein...... Tee	kein...... Käsebrot	kein...... Banane	keine Mandeln

5. Vergleiche den englischen Text mit dem deutschen Text.

a) Welche Kategorie erkennst du? Ordne zu.

A	These people really like having a tasty and healthy breakfast.	der .... Frühstücker
B	These breakfast eaters only think they are having a good breakfast! They will soon be hungry again.	der .... Frühstücker
C	This group simply doesn't have any breakfast at all. They often feel tired during the day.	der .... Frühstücker

Für zwei deutsche Frühstückstypen findest du kein Äquivalent im englischen Text: für welche?

➜ der .... Frühstücker und der .... Frühstücker.

b) Eine Idee auf Englisch ist auch im deutschen Text. Finde sie!

"They often feel tired during the day" = ...

c) Welche Tipps gibt der deutsche Text? Zitiere den Text und übersetze die Tipps.

Frühstückstyp	Tipp (Zitat)	*Conseil donné (en français)*
2. der „deftige" Frühstücker	....	....
3. der „süße" Frühstücker	....	....
4. der „schnelle" Frühstücker	....	....
5. der „kein Hunger" Frühstücker	....	....

6. **Was für ein Frühstückstyp seid ihr? Mach eine Umfrage.**

a) Wandle deine Ergebnisse in Prozent um.

	Schüler in der Klasse	1. Gesund	2. Deftig	3. Süß	4. Schnell	5. Kein Hunger
Zahl	a)	b)	c)	d)	e)	f) ....
Prozent	100	x* = ...				

$* x = \frac{a}{b} \times 100$

b) Ergänze.

In der Klasse sind wir eher .... Frühstücker (mit .... %),

aber auch .... Frühstücker (mit .... %).

Am liebsten frühstücken wir ....

(gesund/deftig/süß/schnell/wenig).

Banque de ressources
Typisch deutsches Frühstück

Etappe 2 *Wie frühstücken die Deutschen?*

7. Ergänze die Etiketten auf dem Foto. Exercice interactif 2

die ....schale

das Glas ....

die Flasche ....

die Schale ....

der ....korb mit ....
und Vollkornbrot

der Teller

die ....dose

die Gabel

das Frühstücks..............................

die ....platte

das Messer

der Löffel

die ....platte

die Tasse ....

der ....

Sprache im Blick — Exprimer les contenants et les contenus

1 Observe les groupes nominaux suivants.

un bol de muesli : *eine Schale Ø Müsli*

une bouteille de lait : *eine Flasche Ø Milch*

2 Déduis la règle.

Pour exprimer un contenu en allemand, contrairement au français, ...

....

....

3 Applique la règle.

une bouteille de jus d'orange : ....

une tasse de thé : ....

un verre de jus de pomme : ....

une assiette de fromage : ....

un bol de salade de fruits : ....

une cuillère de sucre : ....

8. Jetzt weißt du, wie du deutsch frühstücken kannst. Was meinst du dazu? Erzähle es deinem Nachbarn.

Exercice interactif 3, 4

a) Was magst du? Was magst du nicht?

b) Was kennst du nicht? Was möchtest du mal gern probieren?

Etappe 3 *Der beste Start in den Tag?*

Banque de ressources
A. Jetzt frühstück doch was
B. Fit durch den Tag

9. Suche in den Dokumenten A und B Informationen über das Frühstück.

a) Welches Dokument (A und/oder B) bringt welche Information? Kreuze an!

	Dokument A	Dokument B
1) Mit einem guten Frühstück bist du fit.		
2) Gegen 10 Uhr vormittags funktionieren dein Körper und dein Kopf am besten, wenn du richtig gefrühstückt hast.		
3) Ein ruhiges und stressfreies Frühstück ist ein guter Start in den Tag.		
4) Ohne Frühstück gibt es mehrere Phasen am Tag, wo du keine Energie hast.		
5) Es ist wichtig, dass du zu den richtigen Zeiten isst und trinkst.		
6) Frühstücken ist wichtig, denn es bringt deinem Körper die Kraft und Energie, die er braucht.		

b) Meine Zwischenbilanz zum Thema Frühstück.

➜ **Warum ist Frühstück wichtig?**

....

....

....

....

....

....

....

....

Etappe 4 *Ein deutsches Frühstück organisieren*

Banque de ressources
Ein Essen unter Freunden

10. Schau dir die Fotogeschichte an. Wie verläuft das Essen unter Freunden? Exercice interactif 5

a) Wie viele Personen gibt es in der Gruppe? ....

b) Wie heißen sie? ....

c) Wer lädt ein? ....

d) Wer sind die Gäste? ....

e) Was essen sie? ....

Sprache im Blick Donner un ordre

Exercice interactif 6

1 Complète ce tableau avec les verbes qui apparaissent dans le dialogue à l'impératif.

....	....
Sven, ... bitte die Getränke! Sonja, setz dich bitte! Sonja, bediene dich! Sonja, ... mir die Flasche Wasser, bitte! Sonja, ... doch das letzte Stück!	Sven und Simon, holt bitte die Getränke! Sonja und Simon, ... bitte! Sonja und Simon, bedient euch! Sonja und Sven, gebt mir die Flaschen Wasser, bitte! Sonja und Simon, esst doch die letzten 2 Stücke!
Formation :	Formation : ....

2 Observe les terminaisons.

Explique les différences et déduis-la formation de l'impératif.

11. Aussprache-Training

Zungenbrecher

Klaus Knopf liebt Knödel, Klöße, Klopse. Knödel, Klöße, Klopse liebt Klaus Knopf.

12. Organisiere mit deinen Mitschülern ein deutsches Frühstück. Exercice interactif 7, 8

a) Stelle ihnen Fragen und beantworte ihre Fragen.

Greif zu!

- Möchtest du Käse essen?
- Trinkst du Tee zum Frühstück?
- Wir brauchen also Käse für ... Personen.
- Wir müssen also ... Flasche(n) Milch / ... Packung(en) Tee kaufen / mitbringen.

b) Notiere die Antworten in der Tabelle.

Wir brauchen	Für .... Personen	Wir müssen also .... kaufen/ mitbringen	.... bringt das mit!
Apfelsaft	6	eine Flasche Apfelsaft	Sofia
Kaffee			
Kakao			
Milch			
Orangensaft			
Tee			
Brötchen			
Butter			
Cornflakes			
Frischkäse			
Frühstücksei (hart gekocht)			
Gemüse-Platte (Gurke, Tomaten, gelbe Paprika)			
Honig			
Joghurt			
Käse (Emmentaler)			
Marmelade			
Müsli			
Obstsalat (Äpfel, Orangen, Bananen, Birnen, Trauben)			
Vollkornbrot			
Schinken, Wurst (Salami, Mortadella)			
Zucker			

c) Was soll jeder mitbringen? Schreibe Zettel.

Sarah und Anna sollen den Schinken besorgen.

Ich soll .... mitbringen.

Wir sollen alle unser Besteck nicht vergessen!

Melanie (Schülerin aus der Klasse) soll die/den/das .... mitbringen.

Sprache im Blick Exprimer un devoir avec *sollen*

Écris les phrases de l'exercice ci-dessus dans le tableau, comme pour l'exemple.
Que remarques-tu quant aux formes dans les parties colorées ?

Sarah und Anna	**sollen**	den Schinken	**besorgen.**
....	....	....	....
....	....	....	....
....	....	....	....

Bilan

Projekt: Zusammen frühstücken.

Réalise une carte mentale autour du thème de la nourriture.

ESSEN

Parcours Aussehen

Deutschland, ein Modeland? A1

Mes étapes

Einstieg
1. Mode ist Trend!
2. Casting & Models
3. Meine Karriere als Model
4. Cooles Outfit gesucht
5. Die Modewelt, eine Traumwelt?

Mon projet : Ein Outfit vorstellen

Mes objectifs

Lexique : L'apparence physique
Le monde de la mode
Les goûts personnels

Grammaire : Les mots composés
L'accusatif avec un adjectif

Etappe 1 *Mode ist Trend!*

Banque de ressources
Du bist Style
Design, ein neuer Trend?

1. Was ist „Du bist Style"?
Schreibe die Wörter auf, die du verstehst.

....

....

....

....

....

....

....

STRATEGIE Repère les mots transparents, les mots que tu connais déjà et les morceaux de phrases que tu comprends.

2. Was passt zusammen? Verbinde.

gut	shoppen
neue Klamotten (Kleider)	finden (a, u)
bei coolen Modegeschäften	kaufen
einen neuen Look	aus/sehen (a, e; ie)

3. Was erfährst du über Cro? Ergänze.

Name: Cro

Stadt: ....

Beruf: ....

Sonstiges (Aussehen): ....

Thema des Videos: ....

4. Schau dir diese Fotos und deine Notizen an. Stelle Cro vor.

Die deutsche Nationalmannschaft und Cro präsentieren das deutsche Trikot für die Fußball-Europameisterschaft 2016 in Frankreich.

....

....

....

....

....

....

....

Sprache im Blick Les mots composés

1 Observe les exemples. Comment traduirais-tu ces mots ? Que constates-tu ?

der Panda + die Maske ➜ die Pandamaske

= ....

der Pop + der Sänger (*le chanteur*) ➜ der Popsänger

= ....

der Comic (*la bande dessinée*) + der Zeichner (*le dessinateur*) ➜ der Comiczeichner

= ....

2 Complète la règle :

Pour comprendre un mot composé allemand, je pars du .... élément qui détermine l'.................................... et le pluriel du mot composé.

3 Forme à ton tour des mots composés à l'aide de ces éléments. Tu veilleras à bien indiquer le genre et le sens des mots créés.

die Mode • der Fan • der Rap • die Szene • die Kleider (Pl.) • das Geschäft

....

....

Banque de ressources

Etappe 2 Casting & Models

Das Model Anne Sophie

5. Fülle das Castingformular von Anne Sophie Monrad aus.

Modelname	....		
Geschlecht	☐ Frau ☐ Mann		
Alter	....		
Körpergröße (in cm)	....		
Augen	☐ blau ☐ braun	☐ grün ☐ haselnussbraun	☐ grau
Haar	☐ blond ☐ grau ☐ rotbraun	☐ braun ☐ rot ☐ schwarz	☐ dunkelblond ☐ rotblond ☐ weiß
Hobbys	....		

6. Wie sieht Cro aus?

Greif zu!

- gut aus/sehen (a, e; ie)
- klein ≠ groß
- schlank / dünn ≠ dick
- muskulös / sportlich
- Ich glaube, er ist / hat… : *je crois qu'il est / a…*
- Er ist / hat anscheinend… : *il est / a apparemment…*
- das Tattoo: *le tatouage*

Banque de ressources

Etappe 4 Cooles Outfit gesucht

Wer bin ich?

7. Wer ist wer? Lies die Beschreibungen und verbinde die Figuren mit den passenden Vornamen.

Anton trägt ein oranges Shirt und eine dunkelblaue Latzhose. Seine Mütze und seine Schuhe sind braun.

Bertis Polohemd ist grün. Er trägt eine graue Hose. Seine Schuhe und seine Mütze sind orange.

Conni trägt ein weißes T-Shirt und einen orangen Pullover. Seine Mütze und seine Hose sind hellblau, und seine Schuhe sind braun.

Dets Kleider sind nicht sehr bunt: Seine Schuhe, sein Hemd und seine Mütze sind weiß. Seine Hose ist aber grau, und er hat einen blauen Pullunder. Det ist auch der Einzige, der eine Brille trägt.

Edis Lieblingsfarben sind rot und blau: Seine Kleider (ein Hemd und eine Hose) sind nämlich blau, und seine Schuhe sind rot und passen schön zu seiner Haarfarbe!

Fritzchen ist der aktive und dynamische Trendsportler. Sein T-Shirt ist rot und hat einen weißen Kragen, und die Hose ist weiß. Fritzschens Sportschuhe sind ebenfalls rot und weiß.

Anton — Berti — Conni — Det — Edi — Fritzchen

Die Mainzelmännchen erscheinen im Zweiten Deutschen Fernsehen (ZDF).
Sie begleiten täglich die Nachrichten und den Wetterbericht.

8. Verbinde die Wörter mit den Kleiderstücken und Accessoires. Exercice interactif 1

das Polohemd

die Schuhe (Pl.)

die Hose

der Kragen

das T-Shirt

die Latzhose

die Sportschuhe (Pl.)

der Pullover

das Hemd

die Brille

der Pullunder

die Mütze

9. Formuliere dieselbe Information anders.

Beispiel: Emil hat ein gelbes T-Shirt. ➜ Emils T-Shirt ist gelb./Sein T-Shirt ist gelb.

a) Alexander trägt eine schwarze Latzhose.

....

b) Elias* hat coole Kleider.

....

c) Ben hat einen modischen Pullunder.

....

d) Luis* trägt eine sehr enge Hose.

....

e) Maximilian hat heute ein sehr modernes Hemd.

....

....

Astuce

* Te souviens-tu de la forme du génitif saxon pour les noms propres se terminant en ***-s***, ***-x*** ou ***-z*** ?

➤ **Mémento grammatical p. 127**

Sprache im Blick — L'accusatif avec un adjectif

1 Observe les phrases suivantes et encadre les COD. Tu vas inclure les déterminants et les adjectifs lorsqu'il y en a.

a) Anton hat ein oranges Shirt und eine dunkelblaue Latzhose.

b) Conni trägt ein weißes T-Shirt und einen orangen Pullover.

c) Fritzchen hat blaue Kleider und rote Schuhe.

d) Berti trägt ein grünes Polohemd und eine graue Hose, und er hat orange Schuhe.

e) Det hat einen blauen Pullunder, und er trägt eine Brille.

2 Complète chaque ligne du tableau avec un exemple tiré des phrases précédentes.

	Complément d'objet direct avec déterminant indéfini
masculin singulier	*(er/sie trägt) ein*......... ....
féminin singulier	*(er/sie trägt) ein*......... ....
neutre singulier	*(er/sie trägt) ein*......... ....
pluriel	*(er/sie trägt)* ....

3 Ergänze die Sätze.

a) Mia trägt gern .... rot.......... Kleider.

b) Elias möchte .... neu.......... Pullover und .... blau.......... Sportschuhe kaufen.

c) Lukas trägt heute .... altmodisch.......... Polohemd und .... hässlich.......... Hose.

d) Sofia hätte gern .... neu.......... Brille.

e) Maja will für ihren Vater .... schön.......... T-Shirt kaufen.

10. **Kreiere eine weibliche Figur, die zur Mainzelmännchenwelt passt, und beschreibe sie.**

....

....

....

Greif zu!

Meine Figur trägt / hat...

- ♂ Er hat eine coole Mütze = Seine Mütze ist cool.
- ♀ Sie hat schwarze Schuhe = Ihre Schuhe sind schwarz.

STRATEGIE J'utilise un dictionnaire bilingue

Tu peux avoir besoin de chercher des mots inconnus dans un dictionnaire. Faisons l'expérience avec les mots « collant » et « bouton ». Observe.

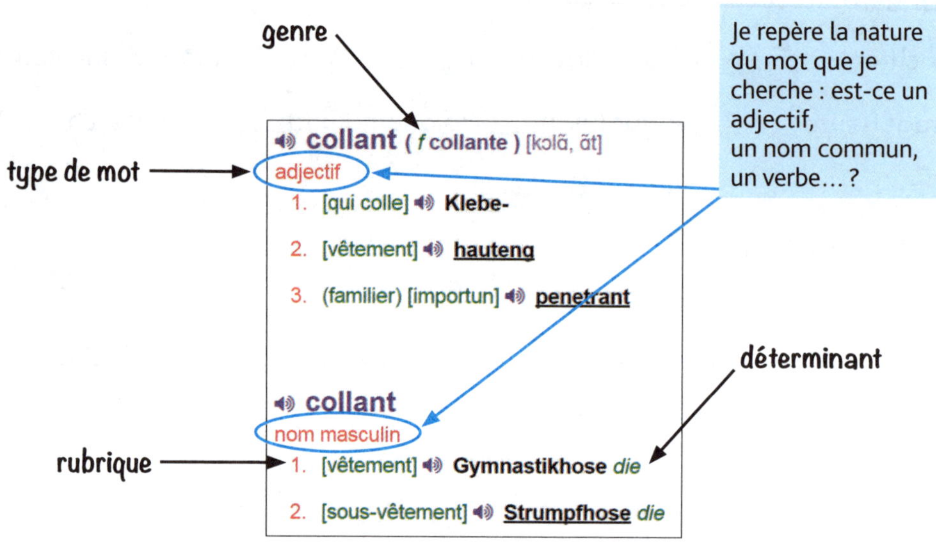

www.larousse.fr

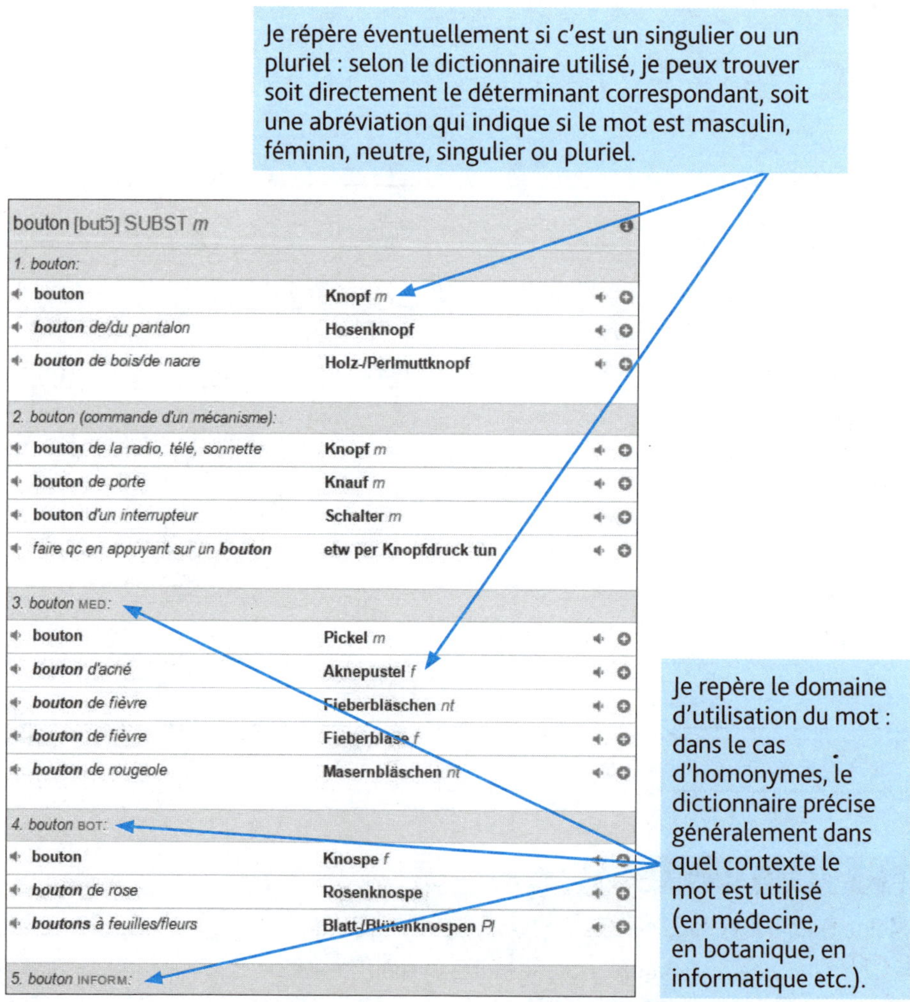

bouton [butɔ̃] SUBST *m*	
1. bouton:	
bouton	**Knopf** *m*
bouton *de/du pantalon*	**Hosenknopf**
bouton *de bois/de nacre*	**Holz-/Perlmuttknopf**
2. bouton (commande d'un mécanisme):	
bouton *de la radio, télé, sonnette*	**Knopf** *m*
bouton *de porte*	**Knauf** *m*
bouton *d'un interrupteur*	**Schalter** *m*
faire qc en appuyant sur un **bouton**	**etw per Knopfdruck tun**
3. bouton MED*:*	
bouton	**Pickel** *m*
bouton *d'acné*	**Aknepustel** *f*
bouton *de fièvre*	**Fieberbläschen** *nt*
bouton *de fièvre*	**Fieberblase** *f*
bouton *de rougeole*	**Masernbläschen** *nt*
4. bouton BOT*:*	
bouton	**Knospe** *f*
bouton *de rose*	**Rosenknospe**
boutons *à feuilles/fleurs*	**Blatt-/Blütenknospen** *Pl*
5. bouton INFORM*:*	

fr.pons.com

11. Hör dir die Beschreibungen an und zeichne die fünf Figuren. MP3 Exercice interactif 2

12. Ergänze die Tabelle mit den Adjektiven und Sätzen aus dieser Liste.

Die Hose gefällt mir • uninteressant • Das Outfit gefällt mir nicht • wunderschön • Ich finde das Outfit cool/sehr schön • langweilig • modern • original • sportlich • altmodisch • Er sieht sehr gut aus • Ich finde das T-Shirt hässlich

	positiv	negativ
Adjektive	....	....
Sätze	....	....

Banque de ressources
Germany's next Topmodel

13. Wortfabrik

STRATEGIE **Bilde Wörter mit Hilfe dieser Elemente.**

a) *envoyer, émettre :* senden ➜ *l'émission :* die ....ung (en)

b) *regarder la télévision :* fern/sehen (a, e; ie) ➜ *la télévision :* das ....

c) *présenter (une émission) :* moderieren ➜ *la présentatrice :* die Fernsehmoderatorin (en)

d) *l'émission de télévision :* ....

e) *caster qn :* jn casten ➜ *le casting :* das ....

14. **Was ist für dich die beste Kritik an der Sendung? Schreibe sie auf.**

....

....

....

....

....

....

....

15. Aussprache-Training

Zungenbrecher

Zwanzig Zwerge zeigen Handstand, zehn im Wandschrank, zehn am Sandstrand.

Parcours **Feiern**

Wer feiert mit?

A1

Mes étapes

Einstieg
1. Karneval im November?
2. Beim Karneval mitmachen
3. Was passiert am 11. November?
4. Wer war Sankt Martin?

Mon projet : Sich auf ein Fest vorbereiten

Mes objectifs

Lexique : Faire la fête
Le carnaval et la Saint-Martin
Grammaire : Exprimer un souhait
Exprimer la préférence

Einstieg

Banque de ressources
Eine Nachricht auf der Mailbox

1. Welche Feste stehen vielleicht auf dem Programm deiner nächsten Ferien in Deutschland? Kreuz an.

- ☐ Geburtstag
- ☐ Ostern
- ☐ Sankt Martin
- ☐ Karneval
- ☐ Weihnachten
- ☐ Silvester
- ☐ das Oktoberfest

Etappe 1 *Karneval im November?*

Banque de ressources
Kölner Karneval: Das Erlebnis

2. Schau dir das Video und die Fotos an und beantworte die Fragen.

a) In welcher Stadt spielt die Szene? Kreuze die richtige Stadt an.
☐ in Salzburg ☐ in Hamburg ☐ in Köln ☐ in Genf

b) Unterstreiche die Ausdrücke, die zum Thema passen.

Karneval feiern • Fußball spielen • ruhig sein • Kostüme tragen (u, a; ä) • Sport treiben (ie, ie) • Musik hören • Lieder singen (a, u) • auf der Straße tanzen • für die Schule lernen

3. Möchtest du beim Karneval mitmachen? Warum?

a) Was gefällt dir? Was gefällt dir nicht?
Schreibe die Ausdrücke aus Aktivität 2. b) in die Tabelle.

☺	☹

b) Nun formuliere deine Meinung.

....

....

....

Greif zu!

- Ich möchte beim Karneval (nicht) mitmachen. = Ich möchte Karneval feiern.
- Ich möchte (keine) Kostüme tragen.

4. Moderiere den Countdown.

a) Ergänze die Notizen deines Assistenten.

tanzen | fröhliche Stimmung | Kostüme | 11.11 | genial | verrückt | amüsieren

Hallo!

Heute haben wir den ...., es ist 11 Uhr 11.

Es gibt eine .... und viele Leute!

Es ist total ....!

Die Leute tragen schöne ....,

sie singen lustige Lieder, sie ....!

Wir .... uns schon sehr.

Das ist ....!

Kölle Alaaf!

b) Nun kannst du moderieren.

Greif zu!

- Hallo, willkommen liebe Zuschauer!
- Heute + V + S
- Es ist…
- Die Leute + V
- Wir kommen gleich zurück, bis dann!

Banque de ressources
Kölle Alaaf!
Bist du dabei?

Etappe 2 Beim Karneval mitmachen

5. Assoziiere die Verben mit den richtigen Figuren.

tanzen

Musik hören

sich schminken

Bonbons essen (a, e; i)

singen (a, u)

mit Freunden beim Umzug mit/machen

sich maskieren und verkleiden

6. Möchtest du beim Umzug mitmachen? Kreuze an. Exercice interactif 1

a) Ich will zum Karneval gehen.	☐ Ja	☐ Nein
b) Das gefällt mir nicht.	☐ Ja	☐ Nein
c) Ich möchte auf der Straße tanzen.	☐ Ja	☐ Nein
d) Ich habe Lust, mich als Clown zu verkleiden.	☐ Ja	☐ Nein
e) Ich habe keine Lust, mich zu verkleiden.	☐ Ja	☐ Nein
f) Ich mag es nicht so.	☐ Ja	☐ Nein
g) Das ist langweilig.	☐ Ja	☐ Nein
h) Ich will nicht zum Karneval gehen.	☐ Ja	☐ Nein
i) Karneval? Das ist eine tolle Idee!	☐ Ja	☐ Nein
j) Das mag ich gern!	☐ Ja	☐ Nein

Sprache im Blick — Exprimer un souhait

1 Observe les tournures suivantes.

Ich will zum Karneval gehen.
Ich möchte auf der Straße tanzen.
Ich habe (keine) Lust, mich zu verkleiden

Pour exprimer le souhait, tu peux ....

....

2 Was willst du tun? Benutze verschiedene Formulierungen.

a) beim Karneval mit/machen

....

b) sich als Hexe verkleiden

....

c) sich (Dat.) die Haare färben

....

d) sich bunt schminken

....

e) beim Umzug mit/machen

....

f) Lieder singen (a, u)

....

Etappe 3 *Was passiert am 11. November?*

Banque de ressources
Kinder erzählen von Sankt Martin

7. Was passiert am 11. November? Verbinde jedes Foto mit der passenden Legende.

In Frankreich Erinnerung an den Waffenstillstand des 1. Weltkriegs (11. November 1918)

Karnevalsumzug in Köln

Laternenumzug zum Martinstag

8. Was erzählen die Kinder von Sankt Martin?

STRATEGIE **a)** À quels mots anglais te font penser les mots en gras ? Que peuvent-ils bien vouloir dire ?

Deutsch	Englisch	Französisch
Man kann ein großes **Feuer** sehen.		
Man kann die Martinslieder **singen**.		
Man kann einen Kinder**punsch** trinken.		(*tu connais déjà* trinken)
Wir bringen **Licht** für Sankt Martin.		
Er **war** ein **guter Mann**.		

b) Was haben die Kinder an diesem Tag am liebsten? Mach dir Notizen.

Fabian	Charlotte	Laura	Thomas

Sprache im Blick Exprimer la préférence

1 Observe les phrases suivantes.

Ich esse gern Bonbons und Pralinen, aber am liebsten esse ich Weckmänner.
Ich feiere lieber Sankt Martin als Karneval!

Pour dire que tu aimes faire quelque chose, tu utilises ....

Pour dire que tu préfères une chose à une autre, tu utilises ....

Pour dire quelle est ta préférence par-dessus tout, tu utilises ....

2 Inscris ces trois formes dans ce tableau.

forme de base	comparatif	superlatif

Remarque : le comparatif sert à comparer deux éléments, le superlatif plus de deux.

3 Bilde Sätze wie im Beispiel.

ich / Weckmänner < Bonbons << Milchschokolade essen (a, e; i)
➜ Ich esse gern Weckmänner. Ich esse lieber Bonbons als Weckmänner.
Ich esse am liebsten Milchschokolade.

a) Charlotte / Cola < Kinderpunsch << Apfelschorle trinken (a, u)

....

b) Laura / Karneval < Weihnachten << Sankt Martin feiern

....

c) Thomas / mit seiner Familie < mit seinen Schulkameraden << mit seinen Freunden eine Party machen

....

d) Fabian / Martinslieder < Karnevalslieder << Weihnachtslieder singen (a, u)

....

Etappe 4 Wer war Sankt Martin?

Banque de ressources

Martin ist ein guter Mann

9. Lies das Lied über Sankt Martin und assoziiere ein Bild mit jeder Strophe.

Astuce

Tu connais déjà l'histoire, tu dois donc t'appuyer sur quelques indices dans chaque strophe, sans devoir comprendre tous les mots !

1

Sankt Martin, Sankt Martin,
Sankt Martin ritt durch Schnee und Wind,
sein Ross[1] das trug ihn fort geschwind.
Sankt Martin ritt mit leichtem Mut:
sein Mantel deckt' ihn warm und gut.

2

Im Schnee saß, im Schnee saß,
im Schnee, da saß ein armer[2] Mann,
hatt' Kleider nicht, hatt' Lumpen[3] an.
„O helft mir doch in meiner Not,
sonst ist der bittre Frost[4] mein Tod!"

3

Sankt Martin, Sankt Martin,
Sankt Martin, zieht die Zügel an,
sein Ross steht still beim armen Mann,
Sankt Martin mit dem Schwerte teilt'
den warmen Mantel unverweilt.

4

Sankt Martin, Sankt Martin,
Sankt Martin gibt den halben still,
der Bettler rasch ihm danken will.
Sankt Martin aber ritt in Eil'
hinweg[5] mit seinem Mantelteil.

1. das Ross (e) = das Pferd (e)
2. arm: *pauvre*
3. die Lumpen (Pl.): *les haillons*
4. der Frost: *le gel*
5. *hinweg/reiten (i, i): *repartir à cheval*

10. Aussprache-Training

Zungenbrecher

Wenn Weihnachtswichtel weiße Weihnacht wünschen, werden Winterwunder wahr. Winterwunder werden wahr, wenn Weihnachtswichtel weiße Weihnacht wünschen.

Bilan

Projekt: Sich auf ein Fest vorbereiten

Réalise une carte mentale autour du thème de la fête.

Astuce

Liste les mots qui te semblent importants pour le projet et fais-les apparaître sur la carte mentale (dessins, flèches, couleurs, groupes verbaux, etc.).

FEIERN

Parcours Wohnen

Haustausch für die Ferien

A1

Mes étapes

Einstieg

1. Was ist Haustausch?

2. Wie sieht es zu Hause aus?

3. Das Haus einrichten und dekorieren

4. Was darf ich zu Hause machen?

5. Mein Haus in meiner Stadt

Mon projet : Auf eine Anzeige für einen Haustausch antworten

Mes objectifs

Lexique : Les pièces de la maison
Les meubles et la décoration
Magasins et vie de quartier

Grammaire : Localiser qc. ou qn : le datif
Utiliser les verbes de position
Exprimer une autorisation/ une interdiction avec *dürfen*

Etappe 1 *Was ist Haustausch?*

Banque de ressources

Kostenlos wohnen

1. Schau dir das Video an.

a) Zeichne ein Schema für das Haustausch-Prinzip.

Das Haustausch-Prinzip

Familie A…

Familie B…

STRATEGIE **b) Wortfabrik**

das Haus (¨er) = *la maison* + tauschen = *échanger*

➜ der Haustausch (e) = ...

tauschen = *échanger* + der Partner (-) = *le partenaire*

➜ der Tauschpartner (-) = ...

die Ferien (Pl.) = *les vacances* + das Domizil (e): *le domicile*

➜ das Feriendomizil (e) = ...

gleich = *même* + die Zeit = *le temps*

➜ gleichzeitig = ...

2. Du willst beim Haustausch mitmachen.

a) Was musst du tun?

Ergänze die Chronologie mit folgenden Elementen:

eine Annonce aus/suchen (*choisir*) • ein paar Regeln (= eine Hausordnung) schreiben (ie, ie) • mein Haus und meine Stadt beschreiben (ie, ie) • eine Stadt / ein Land aus/suchen (*choisir*) • eine Antwort formulieren • Annoncen im Internet suchen

Zuerst muss ich ....

Dann muss ich ....

und ....

Ich muss auch ....

Außerdem ....

Schließlich ....

b) Warum ist das interessant?

Greif zu!

- kostenlos sein = gratis sein
- neue Städte kennen lernen
- eine große Auswahl haben (die Auswahl haben = *avoir le choix*)
- viele Annoncen im Internet finden (a, u)

....

....

....

....

....

....

....

....

Etappe 2 *Wie sieht es zu Hause aus?*

Banque de ressources
Bei mir zu Hause
Eine Haustauschannonce

3. Beschreibe, was man bei dir zu Hause findet. Exercice interactif 1
Schreibe die richtigen Legenden zu diesem Schema.

die Küche **das Wohnzimmer** **das Badezimmer** **das Schlafzimmer** **der Balkon**

das Kinderzimmer **das Arbeitszimmer** **die Toilette** **das Esszimmer**

Astuce
Décompose le mot en plusieurs quand c'est possible, tu comprendras à quelle pièce il renvoie.

Greif zu!

- Im Badezimmer ist eine Badewanne.
- In der Küche gibt es viele Regale.
- Auf dem Balkon gibt es…

Sprache im Blick Localiser qc. ou qn : le datif

1 Observe les phrases suivantes.

der Balkon ➜ **Auf dem** Balkon sind Pflanzen.
die Küche ➜ **In der** Küche gibt es einen Esstisch.
das Badezimmer ➜ **Im** (= in dem) Badezimmer ist eine Badewanne.

Pour localiser quelque chose ou quelqu'un, on a recours au datif. Complète le tableau de déclinaison de l'article défini à partir des exemples ci-dessus :

	masculin	féminin	neutre	Pluriel
datif	d..................	d..................	d..................	den (nom) + n

2 So ein Chaos – vor dem Haustausch muss ich aber aufräumen!

Antworte auf die Frage wie im Beispiel.

Wo ist meine Brille? (das Kinderzimmer)
➜ Meine Brille ist im (= in dem) Kinderzimmer.

a) Wo ist mein Handy? (die Küche)

....

b) Wo ist die Sonnencreme? (der Balkon)

....

c) Wo ist der Tablet-PC? (das Badezimmer)

....

d) Wo ist Markus? (das Wohnzimmer)

....

e) Wo ist mein Buch? (der Garten)

....

4. Wo findet man diese Möbel in der Wohnung? Lies den Text und verbinde die Möbel mit dem richtigen Zimmer.

Sprache im Blick Utiliser les verbes de position

1 Observe les phrases suivantes.

Neben **dem** Fenster steht ein Regal.
Der Teppich liegt **im** Wohnzimmer.
Ein alter Spiegel hängt über **der** Tür.

Quel **cas** reconnais-tu dans les phrases ci-dessus ? ....

Qu'en déduis-tu sur le sens des verbes utilisés ? ....

....

Quel verbe utilises-tu…

- pour les objets posés de tout leur long ou à plat ? ....
- pour les objets posés en position verticale ? ....
- pour les objets suspendus ? ....

2 Bilde Sätze mit diesen Elementen.

• der Stuhl • der Sessel • der Tisch • der Teppich • das Aquarium • die Poster • das Sofa • das Bett • das Regal	• steht • liegt • hängt	• unter • über • neben • an • hinter • vor • in	• dem Schrank • der Tür • der Wand • dem Tisch • der Kommode • dem Bett • dem Teppich • dem Regal • dem Fenster

Pour choisir la bonne préposition, utilise le schéma suivant :

über unter neben in an auf hinter vor

....

....

....

....

....

....

....

....

....

3 Bilde Sätze mit dem richtigen Verb und der richtigen Dativ-Form:

a) Der Teppich .... unter .... Tisch (*der*).

b) Das Regal .... über .... Sofa (*das*).

c) Der Tisch .... vor .... Fernseher (*der*).

d) Die Pflanze .... hinter .... Sessel (*der*).

e) Die Uhr .... an .... Wand (*die*).

5. Findest du alle Wörter im Gitter?
Schreibe auch den passenden Artikel für jedes Wort aus der Liste.

N	W	H	C	R	E	G	A	L	T	F	L	V	H	J	L	Y	K	U	O	L
J	T	C	J	F	Y	N	F	I	L	F	K	O	M	M	O	D	E	Y	B	B
I	V	O	W	O	P	J	W	F	Y	E	C	E	S	A	V	C	F	G	T	T
L	O	M	C	S	O	F	A	V	I	J	K	X	J	X	M	W	W	L	K	O
G	P	P	O	P	T	V	T	P	R	Z	U	H	R	U	E	N	X	K	F	I
A	Y	U	E	Z	C	X	U	I	B	N	G	X	Y	S	X	M	I	I	J	L
R	Z	T	M	T	R	F	W	O	H	N	Z	I	M	M	E	R	V	N	C	E
T	V	E	S	I	M	F	M	W	W	X	H	C	S	Q	G	E	P	D	G	T
E	J	R	F	S	I	G	R	M	O	R	B	P	T	A	X	B	K	E	L	T
N	T	G	E	C	K	B	A	L	K	O	N	N	T	Y	F	E	R	R	O	E
T	H	U	X	H	T	N	F	L	D	Z	P	D	Y	P	T	T	B	Z	E	H
F	Z	L	O	K	H	T	E	P	P	I	C	H	P	T	C	T	X	I	I	S
I	B	V	W	U	I	D	S	H	D	X	C	K	N	M	U	V	R	M	P	T
Y	I	A	R	B	E	I	T	S	Z	I	M	M	E	R	Y	M	Y	M	S	U
Q	Z	E	T	K	L	X	K	F	H	P	U	Y	C	O	V	N	I	E	P	H
S	E	S	S	E	L	D	F	E	R	N	S	E	H	E	R	T	Q	R	U	L
F	N	D	S	F	J	D	K	C	D	B	D	B	D	E	A	C	G	R	K	Q
C	T	S	L	Z	U	B	A	Y	S	C	H	L	A	F	Z	I	M	M	E	R
X	B	K	Ü	C	H	E	K	I	A	Q	W	X	L	N	O	I	Y	J	E	U
O	J	Y	I	W	X	E	W	I	O	B	A	D	E	Z	I	M	M	E	R	M
W	P	O	S	T	E	R	G	F	U	B	L	Q	O	G	P	I	E	V	B	Y

d............... Arbeitszimmer d............... Bett d............... Garten d............... Küche

d............... Schlafzimmer d............... Stuhl d............... Toilette d............... Badezimmer

d............... Computer d............... Teppich d............... Poster d............... Sessel

d............... Kinderzimmer d............... Uhr d............... Balkon d............... Fernseher

d............... Kommode d............... Regal d............... Sofa d............... Tisch d............... Wohnzimmer

Astuce
Si tu ne te souviens plus de l'article, regarde dans le lexique ou un dictionnaire.

6. **Was kann man in diesen Zimmern machen?**

a) Verbinde jede Aktivität mit dem passenden Zimmer.

Aktivität

arbeiten

kochen

fern/sehen (a, e; ie)

schlafen (ie, a; ä)

spielen

sich sonnen

baden

essen (a, e; i)

Zimmer

- das Badezimmer
- das Kinderzimmer
- das Schlafzimmer
- das Arbeitszimmer
- das Esszimmer
- das Wohnzimmer
- die Küche
- der Balkon

b) Bilde Sätze.

In der Küche kann man ....

....

....

....

....

....

....

....

Astuce

Le balcon n'étant une pièce fermée, rappelle-toi d'utiliser la préposition *auf* (et pas *in*).

Sprache im Blick Exprimer une autorisation ou une interdiction avec *dürfen*

Pour éviter les mauvaises surprises quand tu participes à un échange de maison, tu dois établir des règles pour ta maison. Dans un règlement, tu retrouves ce que tu as le droit de faire et ce qui est interdit.

1 Observe les phrases du règlement que ton professeur t'a donné.

Quel est le verbe conjugué ?

....

Quel est le dernier élément de chaque phrase ?

....

Dans ce parcours, tu as déjà rencontré un autre verbe qui fonctionne de cette façon. Lequel ? Qu'est-ce qu'il indiquait ?

....

2 Souligne en rouge les phrases qui contiennent une négation et en vert les autres.

Les phrases en rouge indiquent ....

Les phrases en vert indiquent ....

Attention, la conjugaison des verbes de modalité est particulière ! Observe ce tableau et complète la colonne des terminaisons.

	dürfen	**können**	***terminaisons***
ich	darf	kann	....
du	darfst	kannst	....
er/sie/es/man	darf	kann	....
wir	dürfen	können	....
ihr	dürft	könnt	....
sie/Sie	dürfen	können	....

Constates-tu des différences avec la conjugaison d'autres verbes ?

.... + ...

3 Ergänze die Sätze mit der passenden Form von *dürfen*.

a) .... man bei euch den Hund mitnehmen?

b) Ich .... bis 21 Uhr laute Musik hören.

c) Wir .... unsere Wohnung nicht tauschen, der Vermieter (*le propriétaire*) will das nicht.

d) Du .... dein Zimmer neu dekorieren, wenn du willst.

e) .... ihr in eurem Schlafzimmer Konsole spielen?

f) In unserer Hausordnung .... meine Eltern nur auf dem Balkon rauchen.

7. Was darf man bei deinem Nachbarn (nicht) tun?

a) Wie heißt … auf Deutsch?

....

....

....

....

....

b) Frage jetzt deinen Nachbarn.

Greif zu!

- A: – Was darfst du bei dir im Wohnzimmer (nicht) machen?
- B: – Im Wohnzimmer darf ich (nicht)...

8. Wo wohnen Martina und Timo? Hör zu! MP3

a) Was passt zu Martina? Zu Timo?

b) Was ist für Martina und Timo nicht so weit von zu Hause? Kreuze an.

Martina ☐ Timo ☐ die Eisdiele/das Eiscafé

Martina ☐ Timo ☐ das Freibad

Martina ☐ Timo ☐ das Kino

Martina ☐ Timo ☐ der Drogeriemarkt

Martina ☐ Timo ☐ die Apotheke

Martina ☐ Timo ☐ das Fußballstadion

Martina ☐ Timo ☐ das Theater

Martina ☐ Timo ☐ die Post

Martina ☐ Timo ☐ die Fußgängerzone mit Geschäften

c) Mach dir Notizen zu Martina und Timo.

	Martina	Timo
Alter	....	....
Wohnort	....	....
Einkaufen	....	....
Freizeitaktivitäten	....	....
Mobilität	....	....

9. Was kann man hier machen? Verbinde jeden Ort mit der passenden Aktivität.

Ort	Aktivität
die Eisdiele / das Eiscafé	einen Film sehen (a, e; ie)
das Freibad	ein Fußballspiel sehen (a, e; ie)
das Kino	ein Eis essen (a, e; i)
der Drogeriemarkt	shoppen = einkaufen *gehen (i, a)
die Apotheke	einen Brief ab/schicken
das Fußballstadion	Medikamente kaufen
das Theater	ein Theaterstück sehen (a, e; ie)
die Fußgängerzone mit Geschäften	Shampoo kaufen
die Post	*schwimmen (a, o)

10. Aussprache-Training

Zungenbrecher

Hinter Hansels Hühnerhaus hängen hundert Hosen raus.

Parcours Reisen

Ferien in Deutschland?! A1

Mes étapes

Einstieg
1. Was für ein Ferientyp bist du?
2. Deutschland = Urlaubsland?
3. Reiseplanung
4. Traumferien
5. Wo kannst du wohnen?

Mon projet : Meine Deutschland-Tour planen

Mes objectifs

Lexique : Les vacances
Les activités de loisirs
Grammaire : Poser une question
Parler du lieu où l'on se trouve

Etappe 1 Was für ein Ferientyp bist du?

Banque de ressources
Dein persönlicher Ferientest
Urlaub in Deutschland

STRATEGIE **1. Tu vas réaliser un quiz sur les vacances. Prépare cette lecture à l'aide de ce travail lexical.**

a) Utilise les astuces suivantes pour déduire le sens des mots soulignés :
- tenir compte du contexte ;
- reconnaître la nature du mot (nom, verbe...) ;
- penser à d'autres langues (anglais, français...).

1. Im Juli und August haben wir in Frankreich keine Schule: wir haben Ferien (oder Urlaub).

2. In den Ferien reise ich gerne: zum Beispiel nach Deutschland, England oder Spanien. Im Sommer mache ich eine Deutschlandreise: Berlin, München, Stuttgart, Köln, Bremen und Hamburg stehen auf dem Programm!

3. Ich nehme viele Klamotten (Pullover, T-Shirts, Socken, usw.) mit: mein Rucksack ist zu klein – ich nehme einen Koffer!

4. Für Berlin habe ich schon einen Stadtplan und einen Plan für Bus und U-Bahn.

5. Ich bleibe eine Woche und übernachte bei Freunden.

6. Ich plane heute schon mein Programm: Brandenburger Tor, Reichstag, Berliner Dom...

b) Établis maintenant ta liste de vocabulaire. Elle te servira pour comprendre le petit quiz que tu vas faire. Pense à marquer les verbes à l'infinitif et à chercher l'article des noms.

- .... • ....
- .... • ....
- .... • ....
- .... • ....
- .... • ....
- .... • ....

2. Das Quiz-Ergebnis

Sortiere die Vokabeln. Welche Wörter passen zu welchem Profil?

abenteuerlustig sein • neugierig sein • sportlich sein • aktiv sein • faul sein[1] • keinen Stress haben • Museen • gut organisiert sein • neue Städte kennen lernen • neue Erfahrungen[2] • Ruhe[3] • eine Expedition • der Globetrotter • die Natur (erleben) • Sport • nur am Strand[4] liegen (a, e) • Sonne, Sommer, Meer • Orte mit Geschichte

1. faul sein: *être paresseux* – **2.** die Erfahrung (en): *l'expérience* – **3.** die Ruhe: *le calme* – **4.** der Strand: *la plage*

Abenteuerurlaub	Kultur-pur-Urlaub	Relaxurlaub

3. Welchen Urlaub kann man in Deutschland machen? Kreuze an, was du im Video siehst.

☐ Flüsse

☐ Seen

☐ Berge

☐ Meer

☐ Städte

☐ alt ☐ modern ☐ Natur ☐ Kultur

Greif zu!

- In Deutschland gibt es…
- Deutschland ist…
- Man kann…

Etappe 2 Deutschland = Urlaubsland?

4. Abenteuer-, Kultur- und Relaxurlaub…

a) Was passt zusammen? Verbinde die Fotos.

im Grand Canyon (USA)

vor dem Schloss von Versailles

in Manhattan

am Cape Cod (Massachusetts, USA)

in den Weinbergen bei Saint-Émilion

in den französischen Alpen

am Nordseestrand

in den deutschen Alpen

an der deutschen Weinstraße

im Elbsandsteingebirge

vor dem Schloss Herrenchiemsee

in Frankfurt am Main

b) Wo kannst du Urlaub machen? Bilde Sätze nach dem Modell.

Abenteuerurlaub kann man natürlich im Grand Canyon machen, aber auch im Elbsandsteingebirge.

Abenteuerurlaub ....

....

....

....

Relax-Urlaub ....

....

....

....

Kultur-pur-Urlaub ....

....

....

Sprache im Blick — Parler du lieu où l'on se trouve

1 Observe la question suivante et les réponses possibles.

Wo möchtest du Zeit verbringen?

- In Frankfurt am Main.
- Vor dem Schloss Herrenchiemsee. (das Schloss)
- An der Weinstraße. (die Weinstraße)
- In den Weinbergen. (die Weinberge, Pl.)
- Am Nordseestrand. (der Nordseestrand)
- Im Elbsandsteingebirge. (das Elbsandsteingebirge)

Le premier mot de chaque groupe est ....

qui exprime où l'on se trouve.

2 Observe les images de la page précédente et relie à la bonne traduction.

in •	• devant
vor •	• le long de / au bord de
an •	• dans

Ces prépositions sont suivies .... sauf quand il s'agit d'une ville.

Certaines prépositions peuvent fusionner avec l'article, par exemple :

in + dem ➜ ....

an + dem ➜ ....

Le cas utilisé pour parler du lieu où l'on se trouve est le datif. Complète le tableau de déclinaison de l'article défini à partir des exemples ci-dessus :

	masculin	féminin	neutre	Pluriel
datif	d...............	d...............	d...............	d............... ....n

5. Und wo machen sie Urlaub? Vervollständige die Sätze mit der passenden Präposition und dem passenden Artikel.

a) Ich mache .... Pyrenäen Urlaub. (die Pyrenäen, Pl.)

b) Helge macht .... Atlantik Urlaub. (der Atlantik)

c) Mischa macht .... Mittelmeerküste Urlaub. (die Mittelmeerküste)

d) Sven macht .... New York Urlaub.

e) Das Restaurant ist .... Deutschen Museum .... München. (das Museum)

6. Aussprache-Training

Zungenbrecher

In Ulm und um Ulm und um Ulm herum.

7. Was kann man in den Ferien tun? Schreibe unter jedes Bild die passende Aktivität. Exercice interactif 1

Ski *fahren (u, a; ä) • *schwimmen (a, o) • *joggen • ins Theater oder in die Oper *gehen (i, a) • tauchen • wandern • faulenzen und nichts tun • Fahrrad *fahren (u, a; ä) • eine Stadtführung machen • klettern

....

....

....

....

....

....

....

....

....

....

Greif zu!

- Am Meer kann man surfen und in der Sonne liegen.
- In der Stadt kann man ...
- Auf dem Land kann man ...
- An einem See kann man ...

8. Was brauchst du für diese Aktivitäten? Verbinde. Exercice interactif 2, 3

baden oder *schwimmen (a, o)	eine Sonnebrille (die)	
in der Sonne liegen (a, e)	ein Jogginganzug (der)	
*joggen	Skier (Pl.)	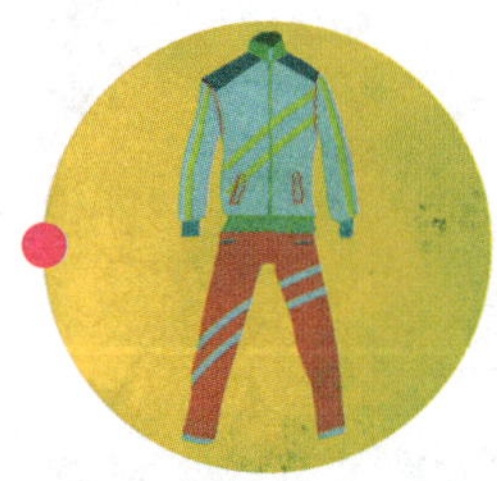
Ski *fahren (u, a; ä)	ein Fahrrad (das)	
Fahrrad *fahren (u, a; ä)	ein Lieblingsbuch (das)	
wandern	eine Badehose (die)	
faulenzen und nichts tun	Wanderschuhe (Pl.)	

9. Und was machen deine Mitschüler?
Formuliere zuerst die Fragen und interviewe dann deinen Partner.

Astuce
Sers-toi des questions des étapes précédentes, et pense à utiliser la bonne personne quand tu t'adresses à ton partenaire!

	Deine Frage
Ferientyp?	
Aktivitäten?	
Koffer?	
Region?	

Sprache im Blick Poser une question

Avant de formuler tes propres questions, fais le point :

- Pour obtenir une information précise de mes camarades, mes questions doivent commencer par ……………

Observe maintenant les questions du quiz du début du parcours :

- Dans ces questions, le verbe conjugué se trouve toujours en ……………

À partir des questions du quiz, associe les mots interrogatifs à la bonne traduction.
En connais-tu déjà d'autres ?

quel(le)(s) ?	
combien ?	
comment ?	
quand ?	
qu'est-ce que / que / quoi ?	
où ?	

Attention aux faux-amis de l'anglais *where* et *who* !

10. Formuliere so viele Fragen wie möglich mit diesen Elementen. (Du brauchst nicht immer alle Spalten.)

Wer				
Wie	heißt			
Wo	bist			
Wann	machst	du	(für deinen) Urlaub	?
Was	brauchst			
Welche Klamotten	liebst			
Wie viele T-Shirts				

Etappe 5 *Wo kannst du wohnen?*

Banque de ressources
Was ist eigentlich eine Jugendherberge?

Was ist eigentlich eine Jugendherberge?

Heute gibt es 556 Jugendherbergen in allen Regionen von Deutschland und über 4500 Jugendherbergen in der ganzen Welt[1]. Jugendherbergen sind Partner für Schulen und Jugendarbeit. So gibt es zum Beispiel Programme für Klassenfahrten und Ferienprogramme für Kinder und Jugendliche mit Sport, Kultur, Musik und internationalen Jugendtreffen. Deshalb gibt es in allen Jugendherbergen Gemeinschaftsräume[2] für Gruppenaktivitäten und natürlich eine Kantine, in der man essen kann. Man muss sein Bett selber machen und Handtücher[3] mitbringen – eine Jugendherberge ist kein Hotel, deswegen kostet es nicht so viel wie ein Hotel. Außerdem bieten die Jugendherbergen extra Urlaub für Familien an.
In jeder Jugendherberge gibt es eine Herbergsleitung[4]: der Herbergsvater (die Herbergsmutter) leitet die Jugendherberge und kümmert sich um alles[5] – das ist sein (ihr) Job!

1. in der ganzen Welt: *dans le monde entier*
2. der Raum (¨-e): *la salle*
3. das Handtuch (¨-er): *la serviette*
4. die Leitung: *la direction*
5. sich um alles kümmern: *s'occuper de tout*

Jugendherbergen sind...

- überall
- international
- anders
- familienfreundlich
- pädagogisch
- professionell
- kostengünstig

11. Finde für jedes Adjektiv ein Zitat im Text.
Jugendherbergen sind…

a) überall ➜ Zitat: ....

b) international ➜ Zitat: ....

c) anders ➜ Zitat: ....

d) familienfreundlich ➜ Zitat: ....

e) pädagogisch ➜ Zitat: ....

f) professionell ➜ Zitat: ....

g) kostengünstig ➜ Zitat: ....

12. Wie definiert man eine Jugendherberge? Ergänze folgende Sätze.

a) Eine Jugendherberge ist eine Übernachtungsmöglichkeit für ....

....

b) Hier kann man ....

c) Es gibt in einer Jugendherberge ....

d) Man braucht ....

e) Eine Jugendherberge ist ein Ort, wo* ....

....

Astuce
* Le verbe conjugué se trouve en fin de proposition.

Bilan

Projekt: Meine Deutschland-Tour planen

Réalise une carte mentale autour du thème du voyage.

REISEN

Parcours Umwelt

Was tue ich für die Umwelt? A1

Mes étapes

Einstieg
1. Verkehrsmittel und ich
2. Mit dem Fahrrad unterwegs
3. Eine Geste für die Umwelt
4. Weniger Müll
5. Was macht ihr für die Umwelt?

Mon projet : Ein Video für die Umwelt drehen

Mes objectifs

Lexique : L'environnement
Les moyens de transport
Le tri sélectif
Grammaire : Exprimer une comparaison
Exprimer la fréquence

Banque de ressources

Einstieg

So viel kann man jeden Tag tun!

1. **Welche Bilder passen thematisch zusammen? Nenne die Themen und kreuze an.**

Tipp
Du darfst die Themen auf Französisch schreiben.

Thema	Magazin Nr.									
	1	2	3	4	5	6	7	8	9	10
	1	2	3	4	5	6	7	8	9	10
	1	2	3	4	5	6	7	8	9	10
	1	2	3	4	5	6	7	8	9	10
	1	2	3	4	5	6	7	8	9	10
	1	2	3	4	5	6	7	8	9	10

STRATEGIE Comment as-tu fait pour deviner le sens des mots ? Et tes camarades ?

....

....

....

....

....

....

Banque de ressources

Etappe 1 *Verkehrsmittel und ich*

Was findest du besser?

2. Sieh dir diese Fotos an und ergänze die Legenden.

Exercice interactif 1

1

2

3

4

5

6

7

8

9

10

11

12

1 mit dem .... fahren

2 mit den .... fahren

3 den .... nehmen

4 mit der ....bahn ....

5 mit dem .... fahren

6 den .... nehmen

7 das Schiff ....

8 mit der .... fahren

9 zu Fuß .... = laufen

10 mit d......... ....

11 das .... benutzen

12 das .... nehmen

3. Welche Verkehrsmittel benutzt dein Partner ? Frag ihn.

Greif zu!

- Nimmst du…?
- Fährst du mit…?
- Wie oft fährst du…?

Sprache im Blick Exprimer la fréquence

1 Observe et complète.

der Tag	die Woche	der Monat	das Jahr
einmal am Tag	einmal in der Woche	einmal im Monat	einmal ....
täglich	....	monatlich	jährlich
jeden …..	jede Woche	....	jedes Jahr

une fois par semaine = einmal in der Woche

deux fois par semaine = ... in der Woche

trois fois par mois = ... im ....

quatre fois par an = ...

2 Voici une échelle de fréquence.

Peux-tu trouver la signification de chaque adverbe en pensant à l'anglais ?

	nie	< manchmal	< oft	< immer
	....	< sometimes	<	< always
	....	<	<	< ....

4. **Was findest du besser?**

a) Lies diese Aussagen.

Ich kann nicht so viel Gepäck[1] mitnehmen.

Das ist viel schneller als das Auto und ich kann viel weiter fahren.

Ich fahre, wohin ich will! Es ist einfacher[2].

Ich muss nicht laufen und fahre, wann ich will!

Es stinkt[3] und macht Lärm[4].

Es ist teurer als ein Busticket.

Es kann mehr Menschen transportieren als ein einziges Auto.

Ich kann nicht immer sitzen.

Ich muss manchmal lange warten.

Es kostet wenig Geld.

Größere Mobilität: Ich muss gar nicht parken!

1. das Gepäck: *les bagages*
2. einfach: *simple*
3. stinken (a, u): *sentir mauvais*
4. Lärm machen = laut sein

b) Ordne jetzt jede Aussage in die Tabelle ein. Mehrere Lösungen sind möglich.

	Vorteile (+)	Nachteile (–)
Auto 		
Bahn 		
Bus 		
Fahrrad 		

	Vorteile (+)	Nachteile (–)
Flugzeug 		
zu Fuß 		

Sprache im Blick — Exprimer une comparaison (le comparatif de supériorité)

1 Observe les phrases suivantes.

Das ist viel **schneller als** das Auto und ich kann viel **weiter** fahren.
Ich fahre, wohin ich will! Es ist **einfacher**.
Es ist **teurer als** ein Busticket.
Es kann **mehr** Menschen transportieren **als** ein einziges Auto.
Größere Mobilität: Ich muss gar nicht parken!

Qu'ont en commun les formes en gras ? Comment les comprends-tu ?
Formule une règle :

....

....

Exceptions : ➜ Quelle exception, proche de l'anglais, repères-tu ?

....

➜ Qu'arrive-t-il au groupe nominal *große Mobilität* ? À ton avis, pourquoi ?

....

2 Applique la règle, comme dans l'exemple :

das Flugzeug > das Auto (schnell sein) ➜ Das Flugzeug ist schnell**er als** das Auto.

a) ein Busticket > eine Autofahrt (billig sein)

➜ ....

b) das Flugzeug > ein Elektroauto (laut sein)

➜ ....

c) das Fahrrad > die Bahn (umweltfreundlich sein)

➜ ....

d) ein Auto > ein Fahrrad (weit *fahren (u, a; ä))

➜ ....

e) ein Bus > ein Auto (viele Menschen transportieren)

➜ ....

5. **Schau dir die Grafik an und vergleiche die Verkehrsmittel.** Exercice interactif 2

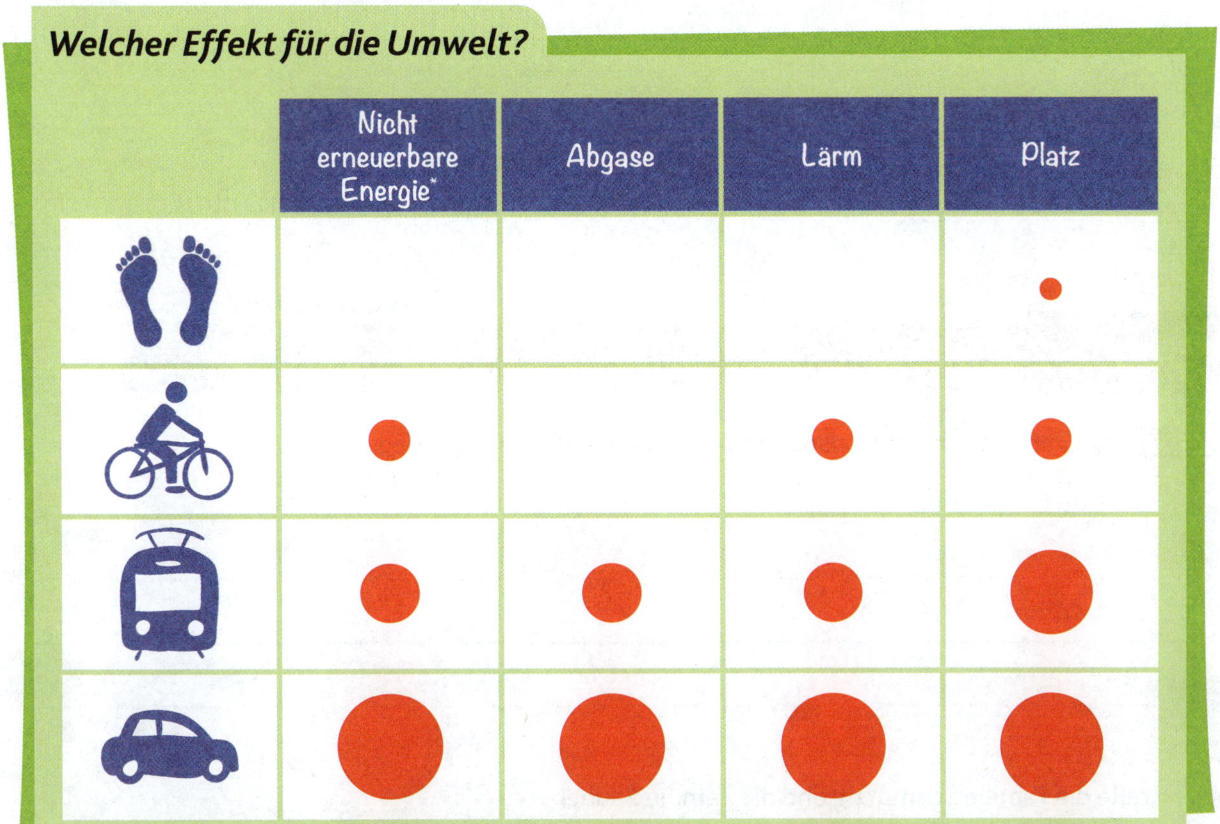

* Nicht erneuerbare Energie: *énergie non renouvelable*

a) Welche Ausdrücke passen zu den vier Themen der Grafik? Ordne sie in die Tabelle ein.

leise ≠ laut sein • die Luft wenig ≠ viel verschmutzen • wenig ≠ viel Platz ein/nehmen (a, o; i) • umweltfreundlich ≠ umweltunfreundlich sein • klein ≠ groß sein • sauber ≠ schmutzig sein

nicht erneuerbare Energie	Abgase	Lärm	Platz

b) Bilde Sätze mit der Komparativform.

Etappe 2 *Mit dem Fahrrad unterwegs*

Banque de ressources
Infografik zum Fahrrad
Fahrrad gegen Auto

STRATEGIE **6. Note les mots transparents que tu entends dans la vidéo.**

7. Stelle die Familie Schmutzig und die Familie Sauber vor.

Herr Schmutzig fährt jeden Tag mit dem Auto zur Arbeit.
Herr Sauber geht einmal in der Woche mit dem Fahrrad einkaufen.

8. Trenne den Müll. Exercice interactif 3

a) Bemale jede Tonne in der richtigen Farbe.

b) Ordne den Müll der richtigen Tonne zu.

Graue Tonne : Restmüll

Gelbe Tonne : Verpackungen

Batterien

Servietten

Plastikflaschen

Aluminiumdeckel

Blumen

Joghurtbecher

kaputte Schuhe

Kaffee- und Teefilter

Kartons

Plastiktüten

Zeitungen

Braune Tonne : Biomüll

Blaue Tonne : Papier, Karton, Glastonne

9. Mache Recherchen

Les slogans reposent souvent sur des références culturelles qui amusent le public. Fais une recherche à partir des indices que tu trouveras dans le tableau ci-dessous pour expliquer les slogans de ces trois poubelles. Tu peux également chercher un mot inconnu dans le dictionnaire.

Slogan	Indice	Explication
Bitte füttern!	Référence à une indication qu'on trouve dans les zoos	
Ich wär so gerne Müllionär!	Référence à une chanson des Prinzen sur l'argent	
Ich fress dir aus der Hand.	Référence à un proverbe	

Banque de ressources

Etappe 4 Weniger Müll — Ab in die Müllfreiheit!

10. Vor dem Lesen: Spiele mit den Wörtern.

a) Connais-tu les mots suivants? Si ce n'est pas le cas, cherche la traduction :
die Flasche (n) • *das Geschäft (e)* • *ein/kaufen* • *die Tasche (n)* • *die Kunst*

b) Le mot *die Verpackung* signifie « l'emballage ».
Que peut bien vouloir dire *ein verpackungsfreies Geschäft*? Pense à l'anglais !

STRATEGIE Face à un texte long, ne pas paniquer ! Lire d'abord le début pour savoir à quoi on peut s'attendre : quelle est la thématique, que va-t-on me raconter ? Si le texte est accompagné d'images, regarde-les avec le même objectif.

11. Welches Bild (oder welche Bilder) passt (passen) zu welchem Titel?

....

....

....

....

....

....

....

....

....

....

Weniger Papier wegwerfen!

Anders shoppen!

Kein Plastik mehr im Badezimmer!

Kunstobjekte oder Modeaccessoires aus Müll? Upcycling heißt es!

Mach dein Fahrrad (und dich) fit!

Bilan

Projekt: Ein Video für die Umwelt drehen

Réalise une carte mentale autour du thème de l'environnement.

UMWELT

Mémento grammatical

I Lettres, chiffres, nombres

1. Les lettres spécifiques à l'allemand

a) L'inflexion (*Umlaut*)

Seules les 3 voyelles *a*, *o* et *u* peuvent être infléchies, ce qui modifie leur prononciation :

a → ä (le son è de « mère ») o → ö (le son eu de « deux ») u → ü (le son u de « mur »)

L'inflexion (ou *Umlaut*) se note aujourd'hui comme le tréma français, même s'il n'a pas la même fonction. Quand on ne peut pas écrire le *Umlaut* (problème de clavier, adresse e-mail ou adresse de site Internet...), on le traduit par un *e* après la voyelle infléchie.

Le site internet de la *Münchner Stadtbibliothek* a pour adresse :
http://www.muenchner-stadtbibliothek.de

Attention, une voyelle peut être infléchie au comparatif ou au pluriel. Ce changement modifiera la prononciation du *ch* qui suit :

das Buch → die Bücher schwach → schwächer als

b) Le *ß*

Le *ß* – appelé *Eszett* ou encore *scharfes S* – est lui aussi une lettre spécifique à l'allemand. Il n'existe qu'en minuscule et se prononce comme *ss*.

Cependant, on écrit *ß* après une voyelle longue ou une diphtongue, et *ss* après une voyelle brève :

der Fuß (u *long*) *mais* der Fluss (u *bref*)
scheußlich (*abominable*) draußen (*à l'extérieur*)

Quand le mot est écrit en majuscules ou qu'on ne peut écrire *ß* (problème de clavier, adresse e-mail ou adresse de site Internet...), on le remplace par *ss* :

die Straße *mais* DIE STRASSE
die Stadt Meißen *mais* http://www.stadt-meissen.de/

2. Chiffres et nombres

a) Les nombres de 1 à 20

1	eins	one	11	elf	eleven
2	zwei	two	12	zwölf	twelve
3	drei	three	13	dreizehn	thirteen
4	vier	four	14	vierzehn	fourteen
5	fünf	five	15	fünfzehn	fifteen
6	sechs	six	16	sechzehn	sixteen
7	sieben	seven	17	siebzehn	seventeen
8	acht	eight	18	achtzehn	eighteen
9	neun	nine	19	neunzehn	nineteen
10	zehn	ten	20	zwanzig	twenty

b) Les nombres de 20 à 100

	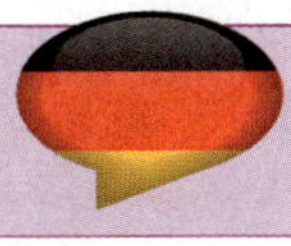	
10	zehn	ten
20	zwanzig	twenty
30	dreißig	thirty
40	vierzig	forty
50	fünfzig	fifty
60	sechzig	sixty
70	siebzig	seventy
80	achtzig	eighty
90	neunzig	ninety
100	hundert	hundred

En allemand, pour exprimer un nombre comprenant une dizaine et une unité, on commence par l'unité. Les deux sont reliés par ***und***. Le tout forme un seul et même mot.

22 = **zweiundzwanzig**
38 = **achtunddreißig**
57 = **siebenundfünfzig**

II *Formes et emploi des verbes*

1. Le présent de l'indicatif

a) Les auxiliaires

haben	sein
ich habe du hast er/sie/es hat wir haben ihr habt sie/Sie haben	ich bin du bist er/sie/es ist wir sind ihr seid sie/Sie sind

b) Les verbes faibles

Un verbe faible est un verbe dont le radical reste inchangé lorsqu'il est conjugué.

Pour le conjuguer, il faut prendre son radical en enlevant ***-(e)n*** à la fin de l'infinitif et y ajouter les terminaisons suivantes :

Personne	Terminaison
ich du er/sie/es wir ihr sie/Sie	-e -st -t -en -t -en

c) Les verbes forts

Les verbes forts sont des verbes dont le radical change obligatoirement au prétérit. Au présent, on ajoute à leur radical les mêmes terminaisons qu'aux verbes faibles.

Les verbes forts dont la voyelle de radical est **a** ou **e** changent de radical aussi au présent, mais uniquement aux 2e et 3e personnes du singulier.

Tu trouveras la liste des principaux verbes forts dans les rabats de ton LernBuch. Chaque fois que tu rencontreras un verbe fort, il sera accompagné de 2 ou 3 voyelles entre parenthèses. C'est la 3e qui indique le changement de radical pour le présent. S'il n'y a que 2 voyelles, c'est qu'il n'y a aucun changement au présent !

lassen (ie, a ; ä) : *laisser* ➜ ich lasse / du lässt / er, sie es lässt / wir lassen / ihr lasst / sie/Sie lassen
lesen (a, e ; ie) : *lire* ➜ ich lese / du liest / er, sie, es liest / wir lesen / ihr lest / sie/Sie lesen

mais : liegen (a, e) : *être couché* ➜ ich liege / du liegst / er/sie/es liegt / wir liegen / ihr liegt / sie/Sie liegen

Le changement de voyelle au présent ne se fait heureusement pas au hasard :

a ➜ *ä*
e bref ➜ *i* ([i] bref)
e long ➜ *ie* ([i:] long)

Astuce

Quand une voyelle est suivie d'un **h**, elle est toujours longue, quand un **e** (ou toute autre voyelle) est suivi d'une consonne double, il est toujours bref !

	waschen (u, a ; ä)	**helfen (a, o ; i)**	**sehen (a, e; ie)**	***gehen (i, a)**	***kommen (a, o)**
ich	wasche	helfe	sehe	gehe	komme
du	wäschst	hilfst	siehst	gehst	kommst
er/sie/es	wäscht	hilft	sieht	geht	kommt
wir	waschen	helfen	sehen	gehen	kommen
ihr	wascht	helft	seht	geht	kommt
sie/Sie	waschen	helfen	sehen	gehen	kommen

d) Les verbes à particule séparable

En allemand, il existe des verbes à particule séparable (préverbe). Dans ton LernBuch, tu les reconnais à la barre oblique qui sépare le préverbe de la base verbale.

ein/kaufen – mit/kommen – fern/sehen

Lorsque le verbe est conjugué, la particule se sépare du radical et occupe la dernière position dans la phrase.

Ich kaufe **ein**.
Timo kommt am Wochenende **mit**.
Wir sehen gern **fern**.

Si le verbe à particule est conjugué dans une subordonnée, la particule et le verbe conjugué se ressoudent, la base verbale étant en fin de subordonnée.

Ich bin noch nicht da, weil ich einkaufe.
Ich bin froh, weil Timo am Wochenende mitkommt.

e) Particularité

Pour conjuguer les verbes dont le radical se termine par un *-t* ou un *-d*, il faut intercaler un *-e-* entre ce radical et la terminaison afin que le verbe conjugué reste prononçable.

arbeiten: Ich arbeite; du arbeitest; er, sie, es arbeitet; wir arbeiten; ihr arbeitet; sie arbeiten
finden: Ich finde; du findest; er, sie, es findet; wir finden; ihr findet; sie finden

f) Les verbes de modalité

Les six verbes de modalité permettent d'exprimer qu'on veut ou aime quelque chose, qu'on peut ou doit faire quelque chose. Ils ont cependant un sens bien précis et on ne peut les intervertir sans changer sensiblement le message que l'on fait passer.

	können	dürfen	müssen	sollen	wollen	mögen
ich	kannØ	darfØ	mussØ	sollØ	willØ	magØ
du	kann**st**	darf**st**	muss**t**	soll**st**	will**st**	mag**st**
er/sie/es	kannØ	darfØ	mussØ	sollØ	willØ	magØ
wir	könn**en**	dürf**en**	müss**en**	soll**en**	woll**en**	mög**en**
ihr	könn**t**	dürf**t**	müss**t**	soll**t**	woll**t**	mög**t**
sie/Sie	könn**en**	dürf**en**	müss**en**	soll**en**	woll**en**	mög**en**

mögen (Subj. II)
möchte
möchte**st**
möchte
möchte**n**
möchte**t**
möchte**n**

▸ *Können* et *dürfen* : Exprimer un droit, une capacité ou une possibilité

Ces trois notions peuvent s'exprimer par le verbe « pouvoir » en français, mais ne correspondent pas à un seul et même verbe en allemand :

1. Pour exprimer que quelqu'un a le droit ou l'autorisation de faire quelque chose, tu utilises le verbe de modalité *dürfen* qui est suivi d'un GV à l'infinitif sans *zu* ou d'un directif :

Ich darf bis 22 Uhr fernsehen. → *Je peux (= j'ai le droit de) regarder la télé jusqu'à 22 heures.*
Darf sie am Wochenende in die Disko? → *A-t-elle le droit d'aller en discothèque le weekend ?*

2. Pour exprimer que quelqu'un a la capacité ou la possibilité de faire quelque chose, tu utilises le verbe de modalité *können* qui est suivi d'un GV à l'infinitif sans *zu* ou d'un directif :

Wir können gut Englisch. → *Nous savons (= sommes capables de) bien parler anglais.*
Ich kann meine Hausaufgaben am Samstag machen. → *Je peux (= j'ai la possibilité de) faire mes devoirs samedi.*

Remarque : Er kann sehr gut singen. → *Il sait (= est capable de) très bien chanter.*

▸ *Müssen* et *sollen* : Exprimer une nécessité

1. Pour exprimer une nécessité inhérente à la situation (quand tu n'as pas d'autre choix), tu utilises le verbe de modalité *müssen* qui est suivi d'un groupe infinitif sans *zu* ou d'un directif :

Wir müssen schneller gehen, sonst verpassen wir den Zug! → *Nous devons marcher plus vite, sinon nous allons rater le train !*

2. Pour exprimer une nécessité imposée par quelqu'un d'autre ou par une instance morale, tu utilises le verbe de modalité *sollen* qui est suivi d'un groupe infinitif sans *zu* ou d'un directif.

Mein Vater sagt, ich soll zuerst meine Hausaufgaben machen!
→ *Mon père dit que je dois d'abord faire mes devoirs !*
Die Eltern sagen, wir sollen jetzt ins Bett.
→ *Les parents disent que nous devons aller au lit maintenant.*

▸ *Wollen* et la forme *möchte* : Exprimer une volonté ferme ou un souhait

1. Pour exprimer une volonté ferme ou une intention réelle de faire quelque chose, tu utilises le verbe de modalité *wollen* qui est suivi d'un GN, d'un GV à l'infinitif sans *zu* ou d'un directif :

Ich will ein Eis. → *Je veux une glace.*
Sie will Journalistin werden. → *Elle veut devenir journaliste.*

2. **Pour exprimer un simple souhait ou désir**, tu utilises la forme *möchte*, qui correspond au subjonctif II du verbe de modalité *mögen* et qui est suivie des mêmes compléments que *wollen*:

Ich möchte ein Eis. → *Je voudrais une glace.*
Sie möchte Journalistin werden. → *Elle aimerait devenir journaliste.*

Astuce
Comme tu peux le constater, l'emploi de la forme *möchte* correspond souvent au conditionnel français !

◗ *Mögen* : Exprimer ce que l'on aime

Pour exprimer ce que tu aimes, tu utilises le verbe de modalité *mögen,* qui ne peut être suivi que d'un GN.

Magst du Rockmusik?
Ich mag keine Cola.

2. L'impératif

L'impératif sert à donner un ordre.

Pour former l'impératif, on ajoute au radical les terminaisons ***-(e)*** à la 2e personne du singulier, ***-t*** à la 2e personne du pluriel.

trinken: Trink! – Trinkt!
kommen: Komm! – Kommt!

Le verbe conjugué est placé en première position dans la phrase. Le sujet n'apparaît pas.

Beeil(e) dich, der Bus kommt!

Attention à certains radicaux de verbes forts dont la voyelle **-e-** se change en ***-i(e)-*** à la 2e personne du singulier. On n'ajoute jamais de terminaison **-e** dans ce cas.

lesen: Lies!
essen: Iss!
geben: Gib!

Le verbe *sein* est là aussi irrégulier :

Sei! / Seid!

III *La phrase*

1. L'ordre des éléments dans la phrase

En allemand, l'élément principal auquel il faut faire particulièrement attention est le verbe, qui répond à des règles de placement strictes. Les autres éléments se placent autour et en fonction de lui.

a) L'énoncé déclaratif

En allemand, le **verbe conjugué** est placé en **2e position**. Devant lui, on peut trouver un sujet, bien sûr, mais aussi un complément de temps, de lieu…

Si jamais le sujet n'est pas en 1re position, alors on le retrouve directement derrière le verbe conjugué.

Ich [spiele] am Montag Klavier. = Am Montag [spiele] **ich** Klavier.

b) L'énoncé interrogatif global

L'énoncé interrogatif global se construit ainsi : verbe conj. + sujet (+ compléments) ?

On y répond par *ja* ou *nein*.

Kommst du mit? – Ja!
Bist du da? – Ja, ich bin da!
Heißt du Laura? – Nein, ich bin Nina.

c) L'énoncé interrogatif partiel

L'énoncé interrogatif partiel se construit ainsi : **pronom *w*-** + **verbe conj.** + **sujet** et/ou **compléments** ?

On y répond par un renseignement précis selon le pronom interrogatif (w…) utilisé.

Woher **kommst du**? – Ich komme aus Frankreich!

Wer wohnt am Meer? – Luis.

Wo **liegt Hamburg**? – Im Norden, am Meer.

Wie **fährst du in die Berge**? – Mit dem Bus.

Was **nimmst du mit**? – Einen Koffer.

Wohin fährst du im Sommer? – Nach Österreich, zu meiner Oma.

Welche Aktivitäten **kannst du auf dem Land machen**? – Reiten, Rad fahren.

Wann machst du Urlaub mit deiner Familie? – Im Sommer, im August.

Warum **bist du heute nicht in der Schule**? – Ich bin krank!

		**La question porte sur…**
Who?	Wer?	une identité
Where? **Where … from?** **Where … (to)?**	Wo? Woher? Wohin?	un lieu une provenance une direction
When?	Wann?	une indication temporelle
How?	Wie?	un moyen
What?	Was?	une chose
Which?	Welche?	une partie d'une catégorie
Why?	Warum?	une cause

2. La négation

Pour savoir quelle négation choisir, il faut se poser la question : « Sur quoi porte-t-elle ? »

a) La négation globale

La négation porte sur toute la phrase, elle est globale : ***nicht***

- ***nicht*** **se place avant les attributs et les compléments à préposition.**

Er geht heute **nicht** in die Schule.
Ich bin **nicht** müde!

- ***nicht*** **se place après les compléments sans préposition.**

  Ich mag dieses T-Shirt **nicht**.
  Verena hilft ihren Mitschülern **nicht**.

b) La négation partielle

La négation nie un seul des éléments de la phrase, elle est partielle : ***nicht***

nicht est alors placé devant l'élément nié. On s'attend souvent à un rectificatif de l'élément nié afin que la phrase soit juste.

Am Montag habe ich Musik. → **Nicht** am Montag habe ich Musik! – *Pas lundi (mais jeudi !)*
Ich mache **meine Hausaufgaben**. → Ich mache **nicht** meine Hausaufgaben, ich male!
– Je ne fais pas mes devoirs mais de la peinture!

c) *kein*

Quand la négation porte sur un groupe nominal indéfini ou sans article, on utilise ***kein***. *Kein* se décline comme l'article indéfini.

Frau Klein hat Kinder. → Frau Klein hat **keine** Kinder.
Ich mag Schokolade. → Ich mag **keine** Schokolade.

IV *Le nom et le groupe nominal*

1. Le genre des noms

En allemand, il existe trois genres, le masculin, le féminin et le neutre. Il faut apprendre chaque nom avec son article : *der, die* ou *das*.

2. Le nombre des noms

a) L'article au pluriel

Quel que soit le genre d'un nom au singulier, l'article défini a la même forme au pluriel :
der, ***die***, ***das*** → (Pl.) ***die***

der Mann → die Männer, die Frau → die Frauen, das Kind → die Kinder

L'article indéfini, lui, n'a pas de forme au pluriel : ***ein***, ***eine***, ***ein*** → **Ø**

ein Mann → Ø Männer

b) Les marques du pluriel

La plupart des noms se voient ajouter une marque au pluriel, qu'on indique entre parenthèses après le nom, comme dans ton LernBuch par exemple.
Pour les noms auxquels on n'ajoute pas de marque de pluriel, on indique (-).

	die Frau (en)	**das Buch** (¨er)	**der Ball** (¨e)	**der Hund** (e)	**der Designer** (-)
Sing.	die Frau	das Buch	der Ball	der Hund	der Designer
Pl.	die Frauen	die Bücher	die Bälle	die Hunde	die Designer

Comme il y a des exceptions, un nom doit toujours s'apprendre avec sa marque de pluriel.

3. Structure et déclinaison du groupe nominal

a) La déclinaison et les cas

La déclinaison est utilisée en allemand pour indiquer la fonction des GN et pronoms personnels dans la phrase. On sait ainsi facilement qui fait quoi par rapport au verbe.

Nominatif :
sujet et attribut

Accusatif :
- complément d'objet
- directif
- prépositions suivies obligatoirement de l'accusatif : *durch / für / gegen / ohne / um*

Datif :
- complément d'attribution
- locatif
- prépositions suivies obligatoirement du datif : *aus / bei / mit / nach / seit / von / zu*

	Masculin	Féminin	Neutre	Pluriel
Nominatif	der Vater einØ Vater	die Frau eine Frau	das Kind einØ Kind	die Pferde Ø Pferde
Accusatif	den Vater einen Vater	die Frau eine Frau	das Kind einØ Kind	die Pferde Ø Pferde
Datif	dem Vater einem Vater	der Frau einer Frau	dem Kind einem Kind	den Pferden Ø Pferden

b) L'appartenance

Pour exprimer l'appartenance en allemand, on peut soit utiliser le nom du propriétaire et le nom possédé, soit remplacer le nom du propriétaire par un déterminant possessif.

L'emploi de la préposition *von*

On indique le nom possédé avec son article, puis celui de son propriétaire précédé de *von* :

der Bruder + Tom ➜ der Bruder **von** Tom
die Tochter + Onkel Wilhelm ➜ die Tochter **von** Onkel Wilhelm
die Kinder + Thorsten und Christiane ➜ die Kinder **von** Thorsten und Christiane

Le génitif saxon

On ajoute un -s au nom du propriétaire, suivi du nom possédé sans article :

Tom + der Bruder ➜ Toms Bruder
Onkel Wilhelm + die Tochter ➜ Onkel Wilhelms Tochter
Thorsten und Christiane + die Kinder ➜ Thorstens und Christianes Kinder

Le génitif saxon est plus court car il n'y a ni le déterminant du nom possédé ni aucune préposition. Cela ressemble beaucoup à l'anglais !

Attention : quand le nom du propriétaire finit par -s, -z ou -x, c'est-à-dire déjà par le son [s], on marque l'appartenance par une apostrophe : Franz' Bruder heißt Anton.

Remplacer le nom du propriétaire par un déterminant possessif

Quand le propriétaire correspond à la personne…	On utilise pour le remplacer le pronom possessif…
ich	mein-
du	dein-
er	sein-
es	sein-
sie	ihr-
wir	unser-
ihr	euer-
sie / Sie	ihr- / Ihr-

c) La déclinaison du groupe nominal : déterminant + adjectif + nom

Pour décliner un groupe nominal avec adjectif, on a besoin de deux types de marques, la marque forte [...] et la marque faible ... .
En général, la marque forte est placée sur le déterminant, la marque faible sur l'adjectif. Dans les cas où le déterminant ne porte pas la marque forte, celle-ci est prioritaire et doit être placée sur l'adjectif.

Astuce
À l'accusatif, seul le masculin change par rapport au nominatif !

	Masculin	Féminin	Neutre	Pluriel
Nom.	de[r] schöne Pullover	di[e] kurze Hose	da[s] blaue Hemd	di[e] roten Schuhe
	(m)ein schöne[r] Pullover	(m)ein[e] kurze Hose	(m)ein blaue[s] Hemd	Ø rot[e] Schuhe mein[e] roten Schuhe
Acc.	de[n] schönen Pullover	di[e] kurze Hose	da[s] blaue Hemd	di[e] roten Schuhe
	(m)eine[n] schönen Pullover	(m)ein[e] kurze Hose	(m)ein blaue[s] Hemd	Ø rot[e] Schuhe mein[e] roten Schuhe

V L'adjectif

L'adjectif attribut est invariable. L'adjectif épithète est, quant à lui, déclinable (voir ci-dessus)

Mein Pullover ist grünØ, meine Schuhe sind schwarzØ.
Ich habe einen grünen Pullover und schwarze Schuhe.

Un adjectif peut prendre plusieurs degrés : il est au degré 0 lorsqu'il est sous sa forme basique, et peut prendre le degré 1 au comparatif, ou le degré 2 au superlatif.

1. Le comparatif de supériorité

Pour comparer deux éléments, il faut ajouter à l'adjectif la terminaison *-er*. L'élément par rapport auquel on compare est introduit par ***als*** :

Der Zug fährt schnell**er als** das Auto.

Les adjectifs d'une seule syllabe prennent un *Umlaut* sur leur voyelle :

alt ➜ Ich bin älter als du.

Certains **e** muets disparaissent au comparatif :

teuer ➜ teurer, dunkel ➜ dunkler.

Das Flugzeug ist teurer als die Bahn.
Im Dezember ist es dunkler.

Certains adjectifs ou adverbes sont irréguliers au comparatif et au superlatif.

2. Le superlatif

On utilise le superlatif lorsque la comparaison porte sur un ensemble de plus de deux éléments. On le forme en ajoutant le suffixe ***-st*** à l'adjectif.

Paris ist die romantisch**st**e Stadt der Welt.
Zu Fuß gehen ist das umweltfreundlich**st**e Verkehrsmittel.

On rencontre souvent le superlatif en tant qu'adverbe : ***am*** + adj.-***sten***

am schön**sten** – **am** schnell**sten**

Les irrégularités sont les mêmes qu'au comparatif.

3. Comparatifs et superlatifs irréguliers

	Comparatif de supériorité	Superlatif
gern	Ich esse lieber Pommes als Nudeln.	Apfelschorle trinke ich am liebsten.
gut	Das ist besser so.	mein bester Freund Am besten finde ich Loris.
viel	Ich habe mehr Zeit.	die meiste Zeit Das passiert am meisten.

VI *Les pronoms personnels*

Déclinaison des pronoms personnels :

	1re pers. sg.	2e pers. sg.	3e pers. sg.			1re pers. pl.	2e pers. pl.	3e pers. pl.
			Masc.	Fém.	Neut.			
Nom.	ich	du	er	sie	es	wir	ihr	sie/Sie
Acc.	mich	dich	ihn	sie	es	uns	euch	sie/Sie
Dat.	mir	dir	ihm	ihr	ihm	uns	euch	ihnen/ Ihnen

VII Les prépositions

1. Les prépositions spatiales : le lieu où l'on se trouve

En allemand, on distingue plusieurs compléments de lieu. Celui qui indique une localisation est appelé le **locatif**. Il répond à la question ***Wo?***

On fait précéder le lieu d'une préposition. Pour le **locatif**, cette préposition sera suivie du **datif** :

Dein Onkel wohnt in Wien, in Österreich. (pas d'article)
Mein Freund sitzt **neben mir in der** Schule.
Deine Schultasche steht **im** (= in dem) Flur.
Ich spiele gern Beachvolley **am** (an dem) Strand.

masc. / neutre	féminin	pluriel
im / in einem Wohnzimmer am / an einem Strand auf dem / auf einem Schreibtisch	in der / in einer Küche an der / an einer Küste auf der / auf einer Insel	in den Häusern / in Häusern an den Kiosken / an Kiosken auf den Dächern / auf Dächern

2. Les prépositions temporelles

De nombreuses indications de temps peuvent être exprimées à l'aide de prépositions :

- ***An* suivi d'un jour, d'une date ou d'un moment de la journée (+ datif) :**

Am Montag spiele ich Tennis.
Ich habe **am** 12. März Geburtstag.
Am Vormittag sehe ich nie fern.

- ***Um* suivi d'un horaire et *von … bis …* pour indiquer une durée :**

Ich habe **um** 8 Uhr Mathe.
Wir essen **von** 13 Uhr **bis** 13.30 Uhr in der Kantine.

- ***In* suivi d'un mois, d'une saison ou de *Jahre* et d'une année (+ datif) :**

Im (= in dem) Jahre 1989 ist die Berliner Mauer gefallen.
Im Winter schneit es immer.
Im Juni sind die Tage sehr lang.

Remarque :

Une année peut aussi être indiquée seule : Ich bin Ø 1999 geboren.

Sich vorstellen A1

A

Adresse (n) (die)	l'adresse
Alter (das)	l'âge
Anschrift (en) (die)	l'adresse
antworten	répondre

B

Biografie (n) (die)	la biographie

D

Datum (Daten) (das)	la date

F

Freund (e) (der)	l'ami
Freundin (nen) (die)	l'amie

G

Geburt (en) (die)	la naissance
Guten Tag!	Bonjour !

H

Hallo!	Salut !
heißen (ie, ei)	s'appeler

J

Junge (n) (der)	le garçon

K

Klasse (n) (die)	la classe
***kommen (a, o)**	venir
aus Hamburg *kommen	être originaire de Hambourg

L

Lehrer (-) (der)	le professeur
Lehrerin (nen) (die)	la professeure

M

Mädchen (-) (das)	la fille
Mitschüler (-) (der)	le camarade de classe
Mitschülerin (nen) (die)	la camarade de classe

N

Name (n) (der)	le nom

O

Ort (e) (der)	le lieu

P

Personalausweis (e) (der)	la carte d'identité

S

schreiben (ie, ie)	écrire
sein	être
Stadt (¨-e) (die)	la ville

T

Tschüss!	Salut ! (pour prendre congé)

V

Vorname (n) (der)	le prénom
sich vor/stellen	se présenter

W

Wie alt bist du?	Quel âge as-tu ?
Wie heißt du?	Comment t'appelles-tu ?
Wo wohnst du?	Où habites-tu ?
Woher kommst du?	D'où viens-tu ?
wohnen	habiter
in Hamburg wohnen	habiter à Hambourg

Familie A1

A

ab/waschen (u, a; ä)	faire la vaisselle
sein Zimmer auf/räumen	ranger sa chambre

B

Bett (en) (das)	faire le lit
die Betten machen	faire les lits
Bruder (¨) (der)	le frère
bügeln	repasser

C

Cousin (s) (der)	le cousin
Cousine (n) (die)	la cousine

E

ein/kaufen	faire les courses
Eltern (Pl.) (die)	les parents
Enkelsohn (¨e) (der) = Enkel (-) (der)	le petit-fils
Enkeltochter (¨) (die) = Enkelin (nen) (die)	la petite-fille
Enkelkind (er) (das)	le petit-enfant

F

Familie (n) (die)	la famille

G

Geschwister (Pl.) (die)	les frères et sœurs
getrennt sein	être séparé
Großeltern (Pl.) (die)	les grands-parents
Großmutter (¨) (die)	la grand-mère
Großvater (¨) (der)	le grand-père

H

Halbbruder (¨) (der)	le demi-frère
Halbschwester (n) (die)	la demi-sœur
Haustier (e) (das)	l'animal domestique
helfen (a, o; i)	aider
Hund (e) (der)	le chien

K

Katze (n) (die)	le chat
Kind (er) (das)	l'enfant
kochen	cuisiner

M

Mutter (¨) (die)	la mère

O

Oma (s) die	la mamie
Onkel (-) (der)	l'oncle
Opa (s) (der)	le papi

P

Patchworkfamilie (n) (die)	la famille recomposée
putzen	faire le ménage, nettoyer

R

Regenbogenfamilie (n) (die)	la famille arc-en-ciel

S

Schwester (n) (die)	la sœur
Sohn (¨e) (der)	le fils
Stammbaum (¨e) (der)	l'arbre généalogique
staub/saugen	passer l'aspirateur
Stiefmutter (¨) (die)	la belle-mère
Stiefsohn (¨e) (der)	le beau-fils
Stieftochter (¨) (die)	la belle-fille
Stiefvater (¨) (der)	le beau-père

T

Tante (n) (die)	la tante
Tisch (e) der	la table
den Tisch decken	mettre la table
Tochter (¨) (die)	la fille

V

Vater (¨) (der)	le père
(in jn) verliebt sein	être amoureux (de qn)

W

waschen (u, a; ä) / sich um die Wäsche kümmern	laver / s'occuper du linge

Cyberspace A1

A

Abonnent (en) (der)	la personne abonnée
ein Album produzieren	produire un album

E

Erfolg (e) (der)	le succès
erfolgreich sein	avoir du succès

F

viele Fans haben	avoir de nombreux fans

G

Geld verdienen	gagner de l'argent
gut	bon, bien

I

interessant	intéressant

K

Kamera (s) (die)	la caméra
eine Kamera haben	avoir une caméra
Kanal (¨-e) (der)	la chaîne
einen Kanal abonnieren	s'abonner à une chaîne
Klick (s) (der)	le clic
komisch	bizarre, drôle
kreativ	créatif
Künstlername (n) (der)	le nom d'artiste, le nom de scène

L

langweilig	ennuyeux
lustig	drôle

M

einen Musikclip machen	tourner un clip (musical)
Motivation (en) (die)	la motivation

N

neue Ideen haben	avoir de nouvelles idées

P

Parodie (n) (die)	la parodie
etw. parodieren	parodier qc.
Publikum (-) (das)	le public

R

reich werden	s'enrichir

S

Spezialist für etw. sein	être spécialisé en qc.
Star (s) (der)	la star, la personne célèbre
einen persönlichen Stil finden (a, u)	trouver un style personnel

T

Talent (e) (das)	le talent
Tipp (s) (der)	le conseil
jm einen Tipp geben (a, e; i)	donner un conseil à qn
Traum (¨-e) (der)	le rêve

V

etw. verändern	changer qc.
Video (s) (das)	la vidéo
ein Video drehen / machen	tourner, faire une vidéo
Videomacher (-) (der)	le vidéaste
Videospiele präsentieren	présenter des jeux vidéo
viele Views haben	avoir de nombreuses vues

W

Werbung (en) (die)	la publicité

Z

Zuschauer (Pl.) (die)	les spectateurs

Schule A1

A

Abend (e) (der) le soir
(An)spitzer (-) (der) le taille-crayon
sich an/ziehen (o, o) s'habiller
***auf/stehen (a, a)** se lever

B

Biologie les SVT (matière)
Bleistift (e) (der) le crayon à papier
Block (¨e) (der) le bloc-notes
Buch (¨er) (das) le livre
Buntstift (e) (der) le crayon de couleur

C

Chemie la chimie (matière)

D

Deutsch l'allemand (matière)
duschen prendre une douche

E

Englisch l'anglais (matière)
Erdkunde la géographie (matière)
zu Abend essen (a, e; i) dîner

F

Filzstift (e) (der) le feutre
Französisch le français (matière)
frühstücken prendre le petit déjeuner
Füller (-) (der) le stylo plume

G

Geschichte l'histoire (matière)
Gymnasium (Gymnasien) (das) le lycée

H

seine Hausaufgaben machen faire ses devoirs
nach Hause *gehen (i, a) rentrer à la maison
Heft (e) (das) le cahier

K

Kugelschreiber (-) / Kuli (s) (der) le stylo bille
Kunst les arts plastiques (matière)

L

Lieblingsfach (¨er) (das) la matière préférée
Lineal (e) (das) la règle

M

Mathematik les mathématiques (matière)
Mittag (der) le midi
Morgen (der) le matin
Musik la musique (matière)

N

Nachmittag (e) (der) l'après-midi

P

packen faire son sac
Physik la physique (matière)

R

Radiergummi (s) (der) la gomme
Religion la religion (matière)

S

schlafen *gehen (i, a) aller se coucher
(Schnell)hefter (-) (der) le classeur
zur Schule *gehen (i, a) aller à l'école
Schulfach (¨er) (das) la matière scolaire
Schulranzen (-) (der) le cartable
Schulsachen (Pl.) (die) les affaires d'école
Schultasche (n) (die) le sac (pour aller à l'école)
Sport le sport (matière)
Stunde (n) (die) l'heure de cours
Stundenplan (¨e) (der) l'emploi du temps

T

Taschenrechner (-) (der) la calculatrice
Turnbeutel (-) (der) le sac de sport

U

Unterricht (der) les cours

V

Vormittag (e) (der) la matinée

Z

sich (Dat.) die Zähne putzen se brosser les dents

Freizeit A1

A

an/schauen	regarder
***aus/gehen (i, a)**	sortir

B

Basketball spielen	jouer au basket
Buch (¨-er) (das)	le livre

C

Computerspiele spielen	jouer aux jeux vidéo

D

DVD (s) (die)	le DVD

E

Eis (-) (das)	la glace
ein Eis essen *gehen (i, a)	aller manger une glace

F

Fahrrad *fahren (u, a; ä)	faire du vélo
etwas mit der Familie machen	faire qc. avec la famille
fern/sehen (a, e; ie)	regarder la télévision
einen Film an/schauen	regarder un film
Freizeit (die)	le temps libre
in meiner Freizeit	dans mon temps libre
Freund (e) (der)	un ami
Freunde treffen (a, o; i)	rencontrer des amis
Fußball spielen	jouer au football

G

Gitarre spielen	jouer de la guitare

I

Internet (das)	l'Internet
im Internet chatten	chatter sur Internet
im Internet surfen	surfer sur Internet

J

***joggen**	faire du jogging
Jugendlichen (Pl.) (die)	les jeunes
Jugendzentrum (Jugendzentren) (das)	la maison des jeunes

K

ins Kino *gehen (i, a)	aller au cinéma
klettern	faire de l'escalade
kochen	cuisiner
Konsole (n) (die)	la console de jeux
an der Konsole spielen	jouer à la console

L

lesen (a, e; ie)	lire
mein/e Lieblings...	mon/ma... préféré/e

M

etw. gern machen	aimer faire qc.
malen	peindre
etw. mögen	aimer qc.
Musik hören	écouter de la musique
Musik machen	faire de la musique

N

jn nerven	embêter quelqu'un

P

Park (s) (der)	le parc
ein Picknick machen	faire un pique-nique

R

***reiten (i, i)**	faire du cheval
romantisch	romantique

S

schreiben (ie, ie)	écrire
***schwimmen (a, o)**	nager
shoppen *gehen (i, a)	aller faire du shopping
singen (a, u)	chanter
Skateboard *fahren (u, a; ä)	faire du skateboard
SMS (-) (die)	le SMS
Sport machen/ treiben (ie, ie)	faire du sport

T

tanzen	danser
an etw. (Dat.) teil/nehmen (a, o; i)	prendre part à qc.
Theater spielen	faire du théâtre
Treffpunkt (e) (der)	lieu de rendez-vous

V

etw. vor/schlagen (u, a; ä)	proposer qc.

W

Wochenende (n) (das)	le week-end
am Wochenende	pendant le week-end

Essen A1

A

Apfel (¨) (der)	la pomme
Apfelsaft (¨e) (der)	le jus de pommes

B

Banane (n) (die)	la banane
etw. brauchen	avoir besoin de qc.
Brot (e) (das)	le pain
Brötchen (-) (das)	le petit pain
Butter (die)	le beurre

D

Dose (n) (die)	la boîte, la canette

E

Ei (er) (das)	l'œuf
das hart gekochte Ei	l'œuf dur
das weich gekochte Ei	l'œuf à la coque
etw. essen (a, e; i)	manger qc.

F

fit	en forme
Flasche (n) (die)	la bouteille
Frühstück (e) (das)	le petit-déjeuner
zum Frühstück	au petit-déjeuner
frühstücken	prendre son petit-déjeuner

G

Gabel (n) (die)	la fourchette
etw. geben (a, e; i)	donner qc.
Gemüse (Sg.) (das)	les légumes
gesund ≠ ungesund	sain, bon pour la santé ≠ mauvais pour la santé
Getränk (e) (das)	la boisson
Glas (¨er) (das)	le verre

H

Honig (e) (der)	le miel

J

Ja gern! ≠ Nein, danke!	Oui, volontiers ! ≠ Non merci !
Joghurt (s) (der/das)	le yaourt

K

Kaffee (der)	le café (boisson)
Kakao (s) (der)	le cacao en poudre, le chocolat chaud
Karotte (n) (die)	la carotte
Käse (der)	le fromage
etw. kaufen	acheter qc.

L

lecker!	c'est bon !
Löffel (-) (der)	la cuillère

M

Mandarine (n) (die)	la mandarine
Marmelade (n) (die)	la confiture
Messer (-) (das)	le couteau
Milch (die)	le lait
mit ≠ ohne	avec ≠ sans
etw. mit/bringen (brachte ... mit, mitgebracht)	apporter qc.
Müsli (-) (das)	le muesli

N

etw. nehmen (a, o; i)	prendre qc.

O

das Obst (-) (das) (Sg.) = die Früchte (Pl.)	les fruits
Orangensaft (¨e) (der)	le jus d'oranges

P

Platte (n) (die)	le plat
etw. probieren	essayer, goûter qc.

Q

Quark (der)	le fromage blanc

S

salzig	salé
Ich bin satt!	Je n'ai plus faim !
Schinken (der)	le jambon
schnell	rapide
Schokolade (n) (die)	le chocolat
Stück (e) (das)	la part, le morceau
süß	sucré

T

Tasse (n) (die)	la tasse
Tee (s) (der)	le thé
Teller (-) (der)	l'assiette
Tisch (e) (der)	la table
auf dem Tisch	sur la table
Tomate (n) (die)	la tomate
etw. trinken (a, u)	boire qc.

V

viel	beaucoup

W

etw. wählen	choisir qc.
(Mineral)wasser (-) (das)	l'eau (minérale)
wenig	peu
wichtig	important
Wurst (¨e) (die)	la saucisse, la charcuterie

Z

keine Zeit haben	ne pas avoir le temps

Aussehen A1

A

Alter (-) (das)	l'âge
altmodisch	démodé
Auge (n) (das)	l'œil
aus/sehen (a, e; ie)	avoir l'air

B

Beruf (e) (der)	le métier
blau	bleu
blond	blond
braun	brun
Brille (n) (die)	les lunettes

C

jn casten	faire le casting de qn
Casting (-) (das)	le casting

D

dick	gros
dunkel	sombre
dunkelblond	châtain
dünn	mince, fin

F

Farbe (n) (die)	la couleur

G

jm gefallen (ie, a; ä)	plaire à qn
Geschlecht (er) (das)	le sexe
grau	gris
groß	grand
Ich bin 1,60 m groß	Je mesure 1,60 m
grün	vert

H

Haar (e) (das)	les cheveux
halblang	mi-long
haselnussbraun	couleur noisette
hässlich	laid
Hemd (en) (das)	la chemise
Hose (n) (die)	le pantalon

J

Jacke (n) (die)	le blouson

K

Kleid (er) (das)	la robe
Kleider (Pl.) (die)	les vêtements
Kleidung (die)	les vêtements
klein	petit
(Körper)größe (n) (die)	la taille
kurz	court

L

lang	long
langweilig	ennuyeux
lässig = cool	décontracté
Latzhose (n) (die)	la salopette
Look (s) (der)	le look

M

Meter (-) (der)	le mètre
Mode (n) (die)	la mode
Modedesigner (-) (der)	le créateur de mode
Model (s) (das)	le mannequin
modern	moderne
muskulös	musclé
Mütze (n) (die)	le bonnet

O

original	original
Outfit (s) (das)	la tenue vestimentaire

P

Polohemd (en) (das)	le polo
Pullover (-) (der)	le pull

R

Rock (¨e) (der)	la jupe
rosa	rose
rot(haarig)	roux
rotblond	blond vénitien
rot(braun)	roux

S

schlank	mince, élancé
etw. schön finden (a, u)	trouver qc. joli
Schuh (e) (der)	la chaussure
schwarz	noir
sportlich	sportif
Sportschuhe (Pl.) (die)	les chaussures de sport
Style (-) (der)	le style (mode)

T

Top (s) (das)	le débardeur (petit haut féminin)
etw. tragen (u, a; ä)	porter qc.
T-Shirt (s) (das)	le t-shirt

U

uninteressant	inintéressant

W

weiß	blanc
wunderschön	magnifique

Z

Zeichner (-) (der)	le dessinateur

Feiern A1

A

sich amüsieren	s'amuser
arm ≠ reich	pauvre ≠ riche

B

Bonbons essen (a, e; i)	manger des bonbons
bunt	coloré

C

Clown (s) (der)	le clown
Cowboy (s) (der) / Cowgirl (s) (das)	le cow-boy

K

Kinderpunsch (¨-e) (der)	punch pour enfant
Kostüm (e) (das)	le costume (déguisement)

F

sich (Dat.) die Haare färben	se colorer les cheveux
(etw.) feiern	fêter (qc.)
Feste feiern	faire la fête
Feuer (-) (das)	le feu

G

jm gefallen (i, a; ä)	plaire à qn
Das gefällt mir nicht.	Cela ne me plaît pas.

H

Hexe (n) (die)	la sorcière

I

Ich habe (keine) Lust, etw. zu tun	je (n') ai (pas) envie de faire qc.
Ich möchte etw. tun	Je voudrais faire qc.
Indianer (-) (der) / Indianerin (nen) (die)	l'Indien, l'Indienne

K

Karneval (e) (der)	le carnaval
Konfetti (-) (das)	les confettis
Kostüme tragen (u, a; ä)	porter des déguisements

L

langweilig	ennuyeux
Laterne (n) (die)	la lanterne
Licht (er) (das)	la lumière
Lied (er) (das)	la chanson
Lieder singen (a, u)	chanter des chansons
lustig	drôle

M

Mantel (¨) (der)	le manteau
Märchenfigur (en) (die)	le personnage de conte
Maske (n) (die)	le masque
eine Maske basteln	fabriquer un masque
sich maskieren	mettre un masque

P

Perücke (n) (die)	la perruque
Pirat (en) (der) / Piratin (en) (die)	le pirate / la pirate

S

sich schminken	se maquiller
Schnee (der)	la neige
heiße Schokolade (n) (die)	le chocolat chaud
eine fröhliche Stimmung (en)	une ambiance joyeuse
auf der Straße tanzen	danser dans la rue
Superheld (en) (der) / Superheldin (en) (die)	le super-héros / la super-héroïne

T

etw. teilen	partager qc.
Tier (e) (das)	l'animal

U

Umzug (¨-e) (der)	le cortège
beim Umzug mit/machen	participer au cortège

V

sich verkleiden	se déguiser
sich als Vampir(in) verkleiden	se déguiser en vampire
verrückt	fou

W

Weckmann (¨-er) (der)	la brioche en forme de petit homme

Wohnen A1

A

Annonce (n) (die)	l'annonce
Anzeige (n) (die)	l'annonce
Apotheke (n) (die)	la pharmacie
arbeiten	travailler
Arbeitszimmer (-) (das)	le bureau (pièce dans l'appartement)
etw. aus/suchen	choisir qc.
Auswahl (en) (die)	le choix

B

baden	prendre un bain
Badewanne (n) (die)	la baignoire
Badezimmer (-) (das)	la salle de bains
Balkon (e) (der)	le balcon
Bett (en) (das)	le lit

D

etw. dekorieren	décorer qc.
Drogeriemarkt (¨-e) (der)	la droguerie
Dusche (n) (die)	la douche

E

etw. ein/richten	aménager qc.
Eisdiele (n) (die) = Eiscafé (s) (das)	le glacier
etw. entdecken	découvrir qc.
essen (a, e; i)	manger
Esstisch (e) (der)	la table de la salle à manger
Esszimmer (-) (das)	la salle à manger

F

Fenster (-) (das)	la fenêtre
Ferien (Pl.) / Urlaub machen	passer des vacances
fern/sehen (a, e; ie)	regarder la télévision
Fernseher (-) (der)	la télévision
Freibad (¨-er) (das)	la piscine en plein air
Fußgängerzone (n) (die)	la zone piétonne

H

hängen (i, a)	être suspendu
Haus (¨-er) (das)	la maison
Hausordnung (en) (die)	le règlement intérieur

K

Kinderzimmer (das)	la chambre des enfants
Kino (s) (das)	le cinéma
kochen	cuisiner
Kommode (n) (die)	la commode
kostenlos	gratuit
Küche (n) (die)	la cuisine
Küchentisch (e) (der)	la table de la cuisine

L

auf dem Land	à la campagne
liegen (a, e)	être couché, posé

P

Pflanze (n) (die)	la plante
Post (-) (die)	la poste / le courrier
Poster (-) (das)	l'affiche

R

Regal (e) (das)	l'étagère
Regel (n) (die)	la règle

S

schlafen (ie, a; ä)	dormir
Schlafzimmer (-) (das)	la chambre
Schrank (¨-e) (der)	l'armoire
Schreibtisch (e) (der)	le bureau
Sofa (s) (das)	le canapé
Spiegel (-) (der)	le miroir
spielen	jouer
in der Stadt	en ville
stehen (a, a)	être debout
Stuhl (¨-e) (der)	la chaise

T

etw. tauschen	échanger qc.
Teppich (e) (der)	le tapis
Toilette (n) (die)	les toilettes

W

wohnen	habiter
Wohnzimmer (-) (das)	le salon

Reisen A1

A

Abenteuer (-) (das)	l'aventure
abenteuerlustig	aventurier
aktiv	actif
alt	vieux
anders	différent

B

Badeanzug (¨-e) (der)	le maillot de bain une pièce
Badehose (n) (die)	le short de bain
baden	se baigner
bequem	confortable
Berg (e) (der)	la montagne
etw. besichtigen	visiter qc.
billig	bon marché

E

etw. entdecken	découvrir qc.
Erfahrung (en) (die)	l'expérience

F

Fahrrad *fahren (u, a ; ä)	faire du vélo
Fahrt (en) (die)	le trajet
faul	paresseux
faulenzen	paresser, ne rien faire
Ferien (Pl.) (die) = **der Urlaub**	les vacances
Fluss (¨-e) (der)	le fleuve

H

Hotel (s) (das)	l'hôtel

J

Jugendherberge (n) (die)	l'auberge de jeunesse

K

Klamotten (Pl.) (die)	les vêtements (*familier*)
klettern	faire de l'escalade
Koffer (-) (der)	la valise

L

Land (das)	la campagne
Land und Leute kennen lernen	découvrir le pays et ses habitants
etw. am liebsten tun	préférer faire qc.

M

Meer (e) (das)	la mer
Museum (Museen) (das)	le musée

N

neugierig	curieux

P

etw. planen	prévoir qc.

R

Reise (n) (die)	le voyage
eine Reise planen	planifier un voyage
***reisen**	voyager
Ruhe (-) (die)	le calme

S

schlafen (ie, a ; ä)	dormir
***schwimmen (a, o)**	nager
See (n) (der)	le lac
Ski *fahren (u, a ; ä)	faire du ski
in der Sonne liegen (a, e)	prendre un bain de soleil
spazieren *gehen (i, a)	se promener
sportlich	sportif
Stadt (¨-e) (die)	la ville
Stadtführung (en) (die)	la visite guidée de la ville
Stadtplan (¨-e) (der)	le plan de ville
Strand (¨-e) (der)	la plage
surfen	surfer

T

teuer	cher

U

überall	partout
Urlaub (e) (der) = **die Ferien (Pl.)**	les vacances

W

***wandern**	faire de la randonnée

Z

zentral	central
Zimmer (-) (das)	la chambre

Umwelt A1

A

ab und zu	de temps en temps
alt ≠ neu	vieux, usagé ≠ neuf, nouveau

B

Bahn (en) (die)	le train, le chemin de fer
etw. benutzen	utiliser qc.
billig ≠ teuer	bon marché ≠ cher
Box (en) (die)	la boîte
Bus (se) (der)	le bus

D

Demonstration (nen) (die)	la manifestation

E

ein/kaufen	faire les courses
die Erde retten	sauver la planète

F

***fahren (u, a; ä)**	aller (en véhicule)
Fahrrad (¨er) (das)	le vélo
Flasche (n) (die)	la bouteille
***fliegen (o, o)**	voler (avion)
Flugzeug (e) (das)	l'avion
zu Fuß *gehen (i, a)	aller à pied

G

gefährdet sein = in Gefahr sein	être en danger
Geschäft (e) (das)	le magasin
gesund	bon pour la santé
Glas (¨er) (das)	le verre, le bocal

H

jm helfen (a, o; i)	aider qn

I

immer	toujours

K

Korb (¨e) (der)	le panier
kosten	coûter

L

Laden (¨) (der)	le magasin
langsam ≠ schnell	lent ≠ rapide
Lärm machen	faire du bruit
laut ≠ leise	bruyant ≠ silencieux

M

manchmal	parfois
meistens	la plupart du temps
mit/machen	participer
Müll (Sg.) (der)	les déchets
den Müll trennen	trier les déchets
Mülleimer (-) (der)	la poubelle
Mülltonne (n) (die)	la poubelle
(Müll)trennung (die)	le tri (sélectif)

N

nie	jamais

O

oft	souvent

P

Papier (e) (das)	le papier
Pfand (¨er) (das)	la consigne
praktisch	pratique

R

regelmäßig	régulier, régulièrement

S

sauber ≠ schmutzig	propre ≠ sale
selten	rarement
stinken (a, u)	sentir mauvais, puer
Straßenbahn (en) (die)	le tramway

T

täglich = jeden Tag	quotidiennement = tous les jours
Tasche (n) (die) = Tüte (n) (die)	le sac
an etw. (Dat.) teil/nehmen (a, o; i)	participer à qc.
Tipp (s) (der)	le conseil

U

U-Bahn (en) (die)	le métro
Umwelt (die)	l'environnement
umweltfreundlich	écologique

V

Verkehrsmittel (-) (das)	le moyen de transport
Verpackung (en) (die)	l'emballage
etw. verschmutzen	salir / polluer qc.

W

Wagen (-) (der) = Auto (s) (das)	la voiture
etw. weg/werfen (a, o; i)	jeter qc.

Z

Zug (¨e) (der)	le train, le chemin de fer

Crédit photographique

19	© aufräumen im Onlinewörterbuch www.pons.com, Französisch-Deutsch. Stuttgart:: PONS GmbH, 2008-2016
27-g	ph © rohappy / Fotolia
27-m	ph © gguy / Fotolia
27-d	ph © carlosgardel / Fotolia
29	www.clixmix.de / DR
33	© Kostas Koufogiorgos/toonpool.com
35	© Statista GmbH Hamburg/Der Spiegel no.12, 16.03.09, p.50
48-1	ph © mirpic / Fotolia
48-2	ph © Marco2811 / Fotolia
48-3	ph © Markus Mainka / Fotolia
48-4	ph © thomas222 / Fotolia
48-5	ph © hec / Fotolia
48-6	ph © Marcel Schauer / Fotolia
48-7	ph © Björn Wylezich / Fotolia
48-8	ph © frankfattler / Fotolia
48-9	ph © BEAUTYofLIFE / Fotolia
48-10	ph © MP2 / Fotolia
48-11	ph © Otto Durst / Fotolia
48-12	ph © dessauer / Fotolia
48-13	ph © BillionPhotos.com / Fotolia
48-14	ph © gena96 / Fotolia
48-15	ph © DOC RABE Media / Fotolia
58	ph © Ullstein Bild / Akg-Images
60	© ZDF/Corporate Design
63	© ZDF/Corporate Design
64	© Dictionnaires Larousse
67-hg	ph © emuck / Fotolia
67-hd	ph © Zerbor / Fotolia
67-bm	ph © Markus Mainka / Fotolia
68-1	ph © A_Lein / Fotolia
68-2	ph © piotrszczepanek / Fotolia
68-3	ph © euthymia / Fotolia
68-4	ph © emuck / Fotolia
68-5	ph © Jiri Hera / Fotolia
68-6	ph © rcfotostock / Fotolia
68-7	ph © lanklatum / Fotolia
68-8	ph © derlek / Fotolia
68-9	ph © photocrew / Fotolia
68-10	ph © Thomas Siepmann / Fotolia
68-11	ph © euthymia / Fotolia
68-12	ph © HLPhoto / Fotolia
71	© GMF 2004
77	www.koelnerkarneval.de / DR
81-h	ph © Picture-Alliance / Akg-Images
81-b	ph © François Mori / AFP
81-m	ph © Picture-Alliance / Dpa / Akg-Images
96-hg	ph © Kzenon / Fotolia
96-hd	ph © Berchtesgaden / Fotolia
96-hm	ph © schulzfoto / Fotolia
96-mg	ph © Robert Kneschke / Fotolia
96-mm	ph © fottoo / Fotolia
96-md	ph © Simon Ebel / Fotolia
96-bg	ph © Waldteufel / Fotolia
96-bm	ph © Otto Durst / Fotolia
96-bd	ph © eyetronic / Fotolia
100-1	ph © sumikophoto / Fotolia
100-2	ph © dieter76 / Fotolia
100-3	ph © aterrom / Fotolia
100-4	ph © Foto_Graf / Fotolia
100-5	ph © mandritoiu / Fotolia
100-6	ph © mmuenzl / Fotolia
100-7	ph © Ritu Jethani / Fotolia
100-8	ph © traveldia / Fotolia
100-9	ph © Pierre Violet / Fotolia
100-10	ph © Bergfee / Fotolia
100-11	ph © bobroy20 / Fotolia
100-12	ph © science photo / Fotolia
102	ph © arsdigital / Fotolia
106	© Deutsches Jugendherbergswerk
109-1	ph © Christian Müller / Fotolia
109-2	ph © Thomas Aumann / Fotolia
109-3	ph © pics / Fotolia
109-4	ph © etfoto / Fotolia
109-5	ph © f/2.8 by ARC / Fotolia
109-6	ph © Punto Studio Foto / Fotolia
109-7	ph © nmann77 / Fotolia
109-8	ph © ArTo / Fotolia
109-9	ph © connel_design / Fotolia
109-10	ph © franzens / Fotolia
109-11	ph © bilderstoeckchen / Fotolia
109-12	ph © rohappy / Fotolia
111-1	ph © rohappy / Fotolia
111-2	ph © pics / Fotolia
111-3	ph © Christian Müller / Fotolia
111-4	ph © bilderstoeckchen / Fotolia
112-h	ph © franzens / Fotolia
112-m	ph © connel_design / Fotolia
116	ph © Muriel Philippe
118-hg	ph © Picture-Alliance / Akg-Images
118-hm	ph © Mode/ Ian O'Leary - www.agefotostock.com
118-hd	ph © Picture-Alliance / Akg-Images
118-mg	ph © Beate Zoellner - www.agefotostock.com
118-md	ph © CSP_sergey02 - www.agefotostock.com

Conception graphique : David Bart
Réalisation : Ici & ailleurs
Illustrations : Caroline Jaegy (p. 5, 7, 41, 51, 53, 83)
Jean-Louis Thouard (p. 14, 17-18, 27, 34, 36, 43-44, 61, 79, 87, 89, 92, 95-96, 115)
Cartographie : Légendes cartographie
Iconographie : Annette Bächstädt
Édition : Karin Albert

Achevé d'imprimer en Italie par L.E.G.O. S.p.A. - Lavis (TN)
Dépôt légal : 98943-8/01 - avril 2016